KB251342

덜 멍청하게 살기 위한
최소한의 철학

멍청함은 지능이 아니라 태도다

덜 멍청하게 살기 위한 최소한의 철학

라르스 스벤젠 지음

염지선 옮김

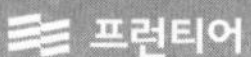

프런티어

차례

머리말

"죽은 자는 자신이 죽은 걸 모른다. 남겨진 사람만 아프고 힘들 뿐이다. 멍청함도 그런 것이다."

-리키 저베이(Ricky Gervais, 영국 코미디언)

어리석음과 멍청함에 대한 책을 왜 쓰는 걸까? 사람들은 철학자라고 하면 지혜를 찾아 헤매는 사람이라고 생각한다. 하지만 이 책에 그렇게 큰 야망을 담지는 않았고, 그냥 살면서 좀 덜 어리석고 덜 멍청했으면 하는 마음에서 시작했다. 자기 안에 도사린 어리석음이나 멍청함은 생각하지 않고 그저 인생의 지혜만 구하려 들다 보면 오히려 바보 멍청이가 될 수도 있다는 사실을 알기 때문이다.

당연히 나 역시 바보 같고 멍청했던 적이 있다. 그러나 소셜 미디어에서 뭐라도 되는 양 떠들고 다니는, 그야말로 세상에 넘쳐나는 바보 멍청이들을 보고 이 책을 쓰기로 결심했다. 개인적으로는 한때 무척 친했던 친구가 별 괴상한 음모론의 세계에 깊이 얽히면서 나와 점차 멀어진 일과도 관련이 있다. 함께 공유하는 현실이 사라지면 의미 있는 대화를 나누기 힘들어진다. 이성은 우리를 하나로 이어주지만 이성을 잃으면 관계도 그만큼 멀어진다. 이런 점에서 이 책은 꽤 진지한 문제 의식을 전제로 하지만, 동시에 인간의 어리석음과 멍청함이라는 주제를 들여다보면 꽤 웃긴 일이 많다. 이 책을 쓰면서 많이 웃었다. 읽는 사람들도 그러길 바란다.

철학은 이 세계에서 생각하는 존재로 살기 위해 고군분투하는 과정이다. 여기서 세계는 자기 자신의 삶뿐 아니라 타인의 삶도 포함하는 개념이다. 철학은 분명 학문의 영역이지만 기본적으로는 인간 자체에 관한 이야기다. 어떻게 해야 철학이라는 학문이 누구나 공감하는 질문에 답을 할 수 있을지 고심했다. 여기에 모든 작업의 초점을 맞췄다. 어리석음과 멍청함은 인류 전반에 나타나는 현상이다. 이 책을 읽고 다른 사람의 멍청함을 알아채는 데 그치지 않고 자신의 멍청함을 깨닫는 것이 중요하다.

노르웨이에서 책을 처음 출간한 후 미국에서는 도널드 트럼프(Donald Trump)가 또 한 번 대통령이 되었다. 트럼프는 별로 길지도 않은 이 책에 등장하는, 온갖 마음속 결함을 잔뜩 모아 한 데 안고 있는 인물이라서 그를 위한 새로운 장을 추가할 수밖에 없었다. 그러나 결함투성이인 사람이 어디 트럼프뿐이겠는가. 앞으로 우리는 양극화와 포퓰리즘이 계속 심해지는 새로운 정치 현실을 살아갈 수밖에 없다. 이 세계에서 사람들은 점점 남의 말을 듣지 않게 되고, 우리의 지구를 함께 살 만한 곳으로 만들자는 이야기에도 귀를 닫는다. 우리 자신의 오만과 편견, 고집, 피상적인 태도와 맞서 싸우려고 노력해야 한다. 정말 최소한의 요구사항이다. 결코 끝나지 않을 과제라는 사실을 알지만, 그래도 우선 그렇게라도 시작하자.

나는 바보다. 당신도 마찬가지다. 나는 멍청하기도 하다. 당신 또한 그렇다. 그리고 우리 모두 이따금 바보이면서 동시에 멍청하기까지 하다. 그러나 나의 멍청함은 당신의 멍청함에 비하면 크게 중요한 일은 아니다. 누구에게나 가장 중요한 사실은 바로 자신이 바보이고 멍청하다는 점이다. 어찌 됐든 당신의 삶에서 제일 큰 영향력을 자랑할 멍청이는 매일 아침 거울 속에서 마주하는 바로 그 바보일 테니 말이다. 그러므로 이 책을 통해 다른 누구도 아닌 자신의 어리석음을 돌아볼 수 있기를 바란다(물론 님의 멍청함을 밝혀낼 기회가 훨씬 많긴 하겠지만).

보통 '바보'나 '멍청이'라는 단어는 남에게 사용하는 일이 많다. 그래도 과거의 자신을 돌아보며 어쩜 그렇게까지 멍청할 수 있었나 싶을 때가 있다. 이 점을 빨리 자각하면 좋지만 때로는 아주 오래 걸리거나 영원히 모르기도 한다. 그런 면에서 이 책은 너무 심한 멍청이나 얼간이가 되지 않는 법에 대한 (아주 기본적인) 자기계발서라고 볼 수도 있겠다.

특히 SNS상에서의 천태만상을 들여다보노라면 멍청함에 대한 철학적 고찰의 필요성이 절실해진다. 본질적으로 생각이 짧은 데다, 거기에서 나오는 행동의 악순환이 가장 문제다. 멍청이들은 자신의 멍청함을 굳이 숨기지 않기 때문에 실제보다 세상에 바보 멍청이가 더 많아 보이는 것도 사실이다. 그렇다고 해도 논의할 부분이 많다.

인간이 어디까지 멍청해질 수 있는지에 한계란 거의 없는 듯하다. 소설가 테리 프래쳇(Terry Pratchett, 1948-2015)은 이런 말을 남겼다.

동굴에 커다란 스위치를 설치하고 '세상의 종말을 부르는 스위치. 절대 만지지 마시오'라고 써 붙여 놓는다면, 안내 문구의 잉크가 채 마르기도 전

에 종말을 맞을 것이다.[1]

이 정도 수준의 멍청이가 아주 많지는 않아도 분명히 존재하긴 한다. 물론 누구나 살면서 말도 안 되는 바보짓을 할 때가 있다. 하지만 어떤 사람들은 너무 대놓고 멍청해서, 그 사람에 대해 말할 때 멍청함을 빼면 설명하기 어려울 정도다.

누구나 바보 같은 짓을 하는 이유는 멍청함이 사고 능력과 밀접한 관련이 있기 때문이다. 이 책에서는 용어를 다음과 같이 구분한다. '바보(stupidity)'라는 말은 사고 능력이 없는 경우에, '멍청함(idiocy)'은 사고 능력은 있지만 잘못 사용하는 경우에 사용한다. 둘 다 자기 잘못 때문에 일어난 일에 한정하고 우리가 어떻게 할 수 없는 상황에서 생기는 일은 배제하기로 한다. 그리고 '정상' 이상의 지적, 인지적 능력을 갖춘 사람들에 대해서만 이야기하자. 물론 온라인에서 댓글을 달고 커뮤니티에 글을 쓰는 일부 사람들을 보면 과연 '정상' 수준의 인지 능력을 갖추고 있다고 분류해도 될지 의심스러울 때가 많다. 이 때문에 어느 선까지를 '정상' 범위로 인정해야 하는지 여간 헷갈리는 게 아니지만, 일단 이 부분에 대해서는 너무 깊이 들어가지 말자.

예를 들어 아무리 천재적인 성과를 내는 수학자나 암 연구계의 세계적 권위자라 하더라도 다른 분야에서는 멍청하기 짝이 없을 수 있다. 자기 분야에서 특출한 사람이라 해도 세상 모든 면에서 뛰어날 수는 없기 때문이다. IQ가 높다는 사람들을 봐도 그다지 머리 좋은지 모르겠을 때가 많고 딱히 눈에 띄는 성과를 낸 적이 없는 경우도 종종 있다. 물론 IQ도 높고 실력도 겸비한 똑똑한 사람들도 있긴 하지만 그런 사람들은 대부분 자기 IQ 같은 것보다 훨씬 중요한 일에 관심을 쏟는다.

누구나 멍청한 짓을 한다. 차단기도 안 내리고 전원 케이블을 자르고 나서 후회하는 일이 살면서 한 번은 일어난다. 그래도 이 경우는 멍청한 행동에 대한 대가가 즉각 발생한다. 대개는 이런 일을 겪고 나면 같은 실수를 반복하지 않는다. 적어도 한동안은 그렇다. 그러나 늘 결말이 좋기만 하다면 '다윈 상 (Darwin Award)' 같은 게 존재할 리 없다. 기막히게 멍청하고 얼빠진 방식으로 죽거나, 번식 능력을 잃어 인류 진화에 이바지한 이들에게 특별히 수여하는 상 말이다. 세상에 유전자를 남기지 않음으로 사명을 다하다니, 비극적인 동시에 웃긴 일이다.[2]

쟁쟁한 수상자들이 여럿 있지만 그중에서도 한 캐나다 출신 변호사 이야기가 인상적이다. 깨지지 않는 판유리가 있다는 주장을 몸소 증명하려고 25층에서 창문으로 몸을 던진 인물이다. 그 결과는? 다행히 유리는 깨지지 않았다. 그러나 그는 몸을 던지기 전에 유리뿐 아니라 창틀도 그만한 충격을 견딜 수 있는지 미리 확인해야만 했다(결론석으로 건니지 못했다). 결국 유리가 창틀에서 빠져 버리고 말았다. 다윈 상 수상자의 90퍼센트가 남성이라는 사실도 딱히 놀랍지 않다.

멍청함의 대가는 시험 성적이라는 형태로도 나타난다. 학생들의 시험지를 채점하다 보면 무슨 말인지 아는 게 거의 없어도 나름으로 답안을 작성하려고 노력한 흔적을 발견할 때가 있다. 한번은 성급한 일반화(예를 들면 몇 명의 사례만으로 '뒷줄에 앉는 학생은 모두 흰색 티셔츠를 입는다'고 주장하는 식)와 과학 법칙의 차이를 설명하며 '과학 법칙은 왕의 비준이 필요하다'고 적어낸 학생이 있었다. 그 답안을 보자마자 웃음이 났지만 그래도 머리를 긁적이며 그 학생의 사고의 흐름을 따라가려고 노력했다. 마침내 학생의 머릿속에서 일어난 일을 알게 된 후에는 혼자 킥킥대며 웃었다. 그는 과학 법칙과 실정법의 차이를 몰랐던 것이다.

나는 철학의 여러 가지 갈래 중에서도 '덕 인식론(virtue epistemology)'에 미세하나마 한 걸음 다가갈 수 있기를 바라는 마음으로 이 책을 썼다. '인식론(epistemology)'이라는 용어는 이해 또는 지식이라는 뜻의 'episteme(에피스테메)'와 이성 또는 학문이라는 뜻의 'logos(로고스)'에서 기원한다. 다시 말해 인식론은 이해에 관한 학문이다. '덕(virtue)'은 제대로 잘 기능한다는 뜻의 그리스어 'arete(아레테)'에서 왔다. 그러므로 덕윤리는 훌륭한 도덕적 주체로 기능하는 방법에 관한 학문이다. 덕 인식론 역시 마찬가지로, 훌륭한 인식 주체로 기능하는 방법을 연구한다. 이 책에서도 우리가 인식의 주체로서 완전히 기능하지 못하는 이유와 과정을 살펴보고자 한다. 오만과 편견, 고집을 부리고 논증을 받아들이지 않는 태도, 실수를 인정하지 않는 자세, 경솔하고 부주의한 성질 때문에 분별 있는 판단을 할 수 없게 된다. 어느 정도 현명한 사람이 되고 싶다면 혹시 내 안에 이런 자질이 도사리고 있지는 않은지 적극적으로 살핀 후 찾아내 맞서 싸워야 한다.

임마누엘 칸트(Immanuel Kant, 1724-1804)는 영혼의 '결함'과 '질병'은 아예 다른 개념이자 범주라고 말한다.[3] 개인적으로는 영혼의 '결함'이 극단으로 치달으면 자연스럽게 질병 쪽으로 옮겨 간다고 생각한다. 음모론을 맹신하는 사람들과 토론하다 보면 이들의 문제가 과연 결함 때문인지 질병 때문인지 명확히 구분하기 힘들 때가 많다. 가끔은 인간의 이성으로 생각할 수 있는 합리적 기준을 한참 벗어나는 경우도 있어서, 단지 바보인지 멍청이인지의 문제를 넘어 과연 제정신이긴 한지 의문스러울 정도다. 멍청함이란 파리 잡는 끈끈이 테이프 같은 것은 아닐까. 황당하기 짝이 없는 별의별 음모론을 펼치거나 미쳤다고밖에 볼 수 없는 대체의학을 신봉하는 무리를 조사하느라 인터넷을 뒤지는 데 인생의 몇 시간을 허비하기도 했다. 물론 그 어떤 지식이나 정보도 얻지 못했지만, 확실히 재미는 있었다.

'자신과 생각이 다르다고 전부 바보라고 싸잡아 욕하는 건 아니냐'고 반문하는 사람도 있을 수 있다. 물론 인신공격성 논쟁을 지속하면서 의견이 아니라 사람을 공격하는 일은 바람직하지 않다. 그러나 지금 맥락에서는 의견 자체가 아니라 어쩌다 그런 생각을 갖게 되었는지가 문제다. 의견이 틀렸다고 바보가 아니다. 그보다는 '어떻게' 틀리게 되었는지에 따라 바보인지 아닌지를 판가름할 수 있다. 어떤 일에 대한 견해가 완전히 옳다고 해도 그 결론에 도달하게 된 경위가 어리석다면 여전히 멍청하다고 봐야 한다. 음주 운전을 생각해 보면 쉽게 이해할 수 있다. 결과적으로 다친 사람이 아무도 없이 집에 잘 도착했다고 해도 음주 운전을 했다는 사실 자체는 어리석고 멍청하다. 생각의 옳고 그름에 따라 어리석음 여부를 결정하는 것이 아니라 어떻게 그 생각을 갖게 되었는지가 중요하게 작용한다.

바보나 멍청이는 보통 자신의 상태에 대해 무지하기 때문에 자기가 바보거나 멍청하다는 사실을 인식하지 못할 때가 많다. 그러나 인간은 한 가지 방식으로만 사고하지 않으므로 자신을 제대로 들여다볼 기회는 언제든 다시 찾아온다. 그러므로 우선 자신이 바보 멍청이 같은 행동을 할 수도 있다는 사실 자체를 인정해야 자기 안의 어리석음과 멍청함을 알아볼 수 있다. 사실 자기 성찰보다는 다른 사람의 어리석음과 멍청함을 알아채는 편이 훨씬 쉬운 일이다. 성경의 산상수훈(山上垂訓, 예수가 산 위에서 제자들과 군중에 전했다는 설교-옮긴이)에도 이런 말이 나온다.

어찌하며 형제의 눈 속 티끌만 보고 너희 눈에 박힌 대들보는 보지 못한단 말이냐? 네 눈에 대들보를 박은 채로 형제의 눈에서 티끌을 빼라고 말할 수 있느냐? 위선자여, 형제의 눈 속에 든 티끌을 빼고자 한다면 우선 네 눈에 박힌 대들보를 먼저 뽑아야 할 것이다.[4]

철학의 가장 기본은 자기 성찰이며 다른 누구도 아닌 바로 자신이 세상을 보는 방식과 생각을 갈고 닦는 과정이다. 아무도 그 일을 나 대신 해줄 수 없다. 오직 나 자신만이 할 수 있는 일이다.

이 책도 마찬가지다. 기껏해야 당신이 얼마나 멍청하거나 바보인지 또는 둘 다 하는 바보 멍청인지 스스로 깨닫도록 도와줄 뿐이다. 그리고 거기에 몇 페이지를 더 할애해 그렇게 바보 같은 짓을 하는 이유를 살펴보는 정도다. 이후에 무엇을 어떻게 할지는 오로지 당신 자신에게 달렸다. 물론 그 과정이 시시포스(시지프스)의 형벌처럼 영원히 끝나지 않으리라

는 점도 명심해야 한다. 결코 이길 수 없는 게임일 것
이다.

1

바보는
종류도 다양하다

의식을 가진 능동적 주체로서 기능을 다 하지 못하는 인간을 설명하는 말이야 얼마든지 있다. 예전에는 아이큐가 25 이하인 사람을 정신 의학적 '멍청이'로 분류하기도 했다. 요즘에는 나를 비롯해 누구도 '멍청이'라는 말을 그런 의미로 사용하지는 않는다. '바보'나 '멍청이'라는 말의 정의에 대해 정확한 합의가 이루어진 적은 없다. 두 단어를 명확히 구분해서 사용하는 사람도 있는 반면 그냥 같은 뜻으로 뭉뚱그려 섞어 쓰는 사람도 있고, 한쪽이 다른 한쪽에 포함되는 개념이라고 여기기도 한다.

의식적 존재로서 인간이 지닌 결함을 구분하는 방법은 여러 가지다. 작가이며 철학자였던 움베르토 에코(Umberto Eco, 1932-2016)의 1980년 소설《푸코의 진자》에는 이 세상에 백치, 얼간이, 바보, 미치광이, 이렇게 네 가지 유형의 인간이 있다는 대목이 나온다.[1] 우선 백치는 말도 행동도 똑바로 하지 못하는 사람이다. 얼간이는 헛소리를 연발하는 사람을 말한다. 남들이 다 고양이 이야기를 하고 있는데 혼자만 개에 관해 말하거나 얼마 전 상처(喪妻)한 사람에게 부인의 안부를 묻는 등 계속 대화의 규칙을 파괴한다. 바보는 틀린 말을 하는 사람이다. 오류의 달인이라고 볼 수 있는데, 설령 어쩌다 맞는 말을 해도 그 결론에 이르게 된 논리를 살펴보면 영 수상쩍다. 바보와 달리 미치광이는 아예 논리가 없다. 그렇다 보니 뭐든 끼워 맞추는 게 가능하다. 에코는 누구나 내면에 이 네 가지 특징을 갖고 있으며 정상적인 사람은 이들 유형을 상식적인 선에서 적절히 조합할 수 있다고 말한다.

경제사학자 카를로 M. 치폴라(Carlo M. Cipolla, 1922-2000) 역시 인간의 유형을 네 부류로 나눈다. 순진한 사람과 현명한 사람, 영악한 사람 그리고 어리석은 사람이다.[2] 순진한 사람은 자신은 손해를 보지만 사회에는 득이 된다. 현명한 사람은 자기 자신과 세상 모두에게 이롭다. 영악한 사람은 남에게 손해를 끼치면서 자기는 이득을 얻는다. 마지막으로 어리석은 사람은 자기가 얻는 것도 없고 남들에게도 해가 되는 유형이다. 치폴라는 이 중에 어리석은 사람이 어느 시대에나 생각보다 훨씬 많다고 주장하며 누구나 공감할 만한 경험을 근거로 든다. 똑똑하다고 생각했는데 알고 보니 완전히 바보인 사람들을 만나기도 하고, 또 이상하게 주변에 멍청한 사람 몇 명은 늘 있어서 우리 삶을 엉망으로 휘젓기도 한다.

하지만 이에 관한 내 생각은 조금 다르다. 우리는 모두 바보며 다만 정도가 다를 뿐이다. 또 '어리석다'는 표현은 사고 능력이 부족한 상태를 뜻하지, 어떤 행동이 자신과 타인에게 가져온 결과와는 큰 관계가 없다고 생각한다. 치폴라는 자신은 얻는 것도 없이 남에게 해를 입히는 사람을 바보라고 정의한다. 그러나 바보들은 조금 짜증 날지는 몰라도 대부분 주변에 엄청난 해악을 끼치지는 않는다. 게다가 치폴라는 어리석음은 선천적 특징으로 사람마다 어리석을 수도 있고 아닐 수도 있다고 했지만 나는 이 주장이 특히 미심쩍다.

어리석음은 빨강 머리로 태어나는 것과 비슷하다. 저마다 혈액형이 다르듯 누군가는 아예 처음부터 어리석은 부류로 타고난다.[3]

하지만 나는 누구나 일단은 바보로 태어난다고 생각한다. 그리고 살아가면서 타고난 어리석음을 벗어난다. 어느 정도까지 현명해질 수 있는지는 사람마다 차이가 있으며, 시간이 더 지나면 다시 바보로 회귀하는 경우가 허다하다. 나에게 바보란 생각이 없는 사람을 의미한다. 그리고 이런 부분은 삶의 전반에 걸쳐 다양한 방식으로 드러난다. 치폴라에 따르면 어느 집단에나 일정한 비율의 바보가 존재한다. 온라인 인플루언서들의 모임이든 노벨상 수상자 집단이든 마찬가지라는 이야기다. 놀랍지 않은가? 치폴라는 이에 대해 따로 근거를 들지는 않지만, 어리석은 사람을 판별하려면 그가 가진 특징을 전부 살펴봐야 한다고 언급한다. 하지만 나는 전부가 아니라 그 사람이 가진 여러 특징 중 일부의 조합에 따라 어리석음이 좌우된다고 본다. 물론 노벨상 수상자들 중에도 멍청한 사람이 많고 소셜 미디어 인플루언서들 중에도 똑똑한 사람이 있겠지만, 그렇다고 각 집단에 존재하는 바보의 비율이 같다고는 결코 생각하지 않는다.

나는 인간을 다음 세 부류로 나눈다.

1. 바보
2. 멍청이
3. 바보 멍청이

인간은 누구나 바보다. 상투적인 말과 진부한 표현으로 숨기려 들지만 사실 자기가 무슨 말을 하고 있는지도 모를 때가 많다. 이 범주에서 크게 벗어나기란 쉽지 않은 일이다. 게다가 우리는 멍청하기까지 하다. 어리석음을 극복하려면 자신을 성찰하는 과정이 꼭 필요한데, 누구나 이 과정에서 멍청하기 짝이 없는 오류를 범한다. 바보는 생각이 없고 멍청이는 생각은 하지만 그릇된 판단을 한다. 인간의 인지 능력은 일단 어리석음이 기본값이다. 하지만 생각이란 걸 시작하면 이따금 이런 상태를 넘어서게 된다. 물론 생각을 하더라도 언제 어디서든 멍청해질 위험은 도사리고 있으며, 전혀 멍청하지 않기란 불가능에 가깝다. 그렇지만 아예 바보 멍청이로 전락하지 않도록 노력해야 하며, 실제로도 충분히 가능한 일이다. 멍청함이 반복되어 몸에 새겨지면 멍청한 생각을 진리라고 착각하게 되고 그러면서 결국 진정한 바보 멍청이가 되는 것이다.

바보는 생각이 아예 없고 멍청이는 생각은 하지만 그릇된 판단을 내리며 바보 멍청이는 그릇된 판단을 아무 생각 없이 받아들인다. 사람들이 대충 '돌대가리'라고 부르는 부류에 대해서도 얼마든지 다양한 각도에서 설명할 수 있지만 지금은 이 정도로 분류하고 일단 넘어가자. 인간은 처음에는 바보였다가 점점 멍청이로 진화한다. 이 둘은 유동적이어서 바보와 멍청이 사이를 오가기도 한다. 바보는 의심이 없고 남들이 하는 말을 그대로 따른다. 그러다 의심이 고개를 들 때가 바로 바보가 멍청이로 바뀌는 순간이다. 바보 멍청이는 이제 의심을 극복하고 흔들리지 않는 확신으로 무장한다.

미셸 드 몽테뉴(Michel de Montaigne, 1533-1592, 프랑스 르네상스 시기의 철학자이자 작가-옮긴이)는 다음과 같이 말했다.

현자의 격언을 들었을 때 곧바로 자기 상황에 적용하려는 사람이라면(자기 성찰이 직업인 우리 같은 사람처럼) 이 말이 그저 짧막한 격언이 아니라 인간의 판단력에 습관처럼 배어 있는 어리석음에 대한 채찍질이라는 사실을 잘 알 것이다. 그러나 보통 사람들은 진리를 들어도 그냥 일반적으로 하는 뻔한 소리일 뿐 자기에게 해당한다고는 생각하지 못한다. 격언을 들어도 실행에 옮기지 못하고 머릿속에만 담아 둘 뿐이다. 이보다 어리석고 무익한 일도 없다.[4]

바보들은 자기가 바보라는 사실을 처음에는 잘 모른다. 다른 사람들이 말해줘서 알게 될 때가 많다. 그런 식으로 여러 번 지적을 받다 보면 스스로 바보라는 사실을 아는 바보가 될 수 있다. 멍청이는 나름 끊임없이 자기 성찰을 하기 때문에(이마저도 대부분 실패할 때가 많긴 하지만) 바보에 비하면 자기가 멍청하다는 사실을 잘 받아들인다. 반면 바보 멍청이는 남들의 비판 따위에는 끄떡도 하지 않는다.

보통 사람보다 유난히 더 바보인 사람도 있고 남들보다 훨씬 더 멍청한 사람도 있다. 하지만 바보나 멍청이 또는 바보 멍청이 중 하나만 하는 사람은 없다. 우리는 바보인 동시에 멍청한 네다 바보 멍청이기도 하다. 이런 말로 누군가를 완전히 규정할 수는 없지만 그 사람이 지닌 특징(아니면 갖지 못한 특징이라고 할 수도 있겠다)을 설명할 수는 있다. 그런데 이런 면이 너무 두드러지는 바람에 이걸 빼고는 도저히 설명이 불가능한 사람도 있다.

'바보'라는 표현은 생각이나 행동을 묘사할 때나 써야지 사람에게 사용하면 안 된다는 의견도 있다. '악하다'는 말도 사람에게는 쓰면 안 되고 그 사람의 행동을 설명할 때만 써야 한다는데, 별다른 이유가 있어서라기보다는 그저 '바보'나 '악하다' 같은 단어가 들으면 기분 좋은 말이 아니기 때문이다. 물론 다른 사람한테 이런 말을 하는 게 좋다는 뜻은 아니다. 하지만 애초에 이런 말을 남에게 하는 이유는 듣기 좋으라고가 아니라 비판하기 위해서다. '비판적'이라는 뜻의 영어 단어 'critical'은 '판단하다, 규명하다, 분별하다'라는 뜻의 그리스어 'krinein'에서 유래했다. 비판적이라는 것은 결국 이성의 현미경을 통해 시시비비를 가리는 일이다.

그런데도 이 말로 사람 자체를 가리켜서는 안 되고 그 사람의 행동을 묘사할 때만 써야 한다니, 왜 그래야 하는가? 사람에게 '바보'라든가 '악하다'라고 말하면 안 된다고 주장하는 사람들 대부분은 반대로 '똑똑하다'거나 '훌륭하다'는 말은 사람한테 써도 괜찮다고 생각한다. 긍정적인 형용사는 써도 되고 부정적인 형용사는 쓰면 안 되는 이유를 따로 설명하지는 않는다. 특별한 이유도 없는 데다 어딘가 균형이 맞지 않는다. 그렇게 치면 긍정적인 단어도 사람에게 쓰지 말아야 한다. 이 지점에서, 부정적 형용사를 사람에게 쓰면 안 되는 타당한 이유가 있는지 의문이 생긴다.

행동에는 형용사로 묘사할 수 있는 특징이 있다. 사람도 마찬가지다. 사람을 묘사할 때 사용하는 형용사는 그 사람의 사고와 행동을 설명하는 형용사와 관련이 있다. 왜? 사람을 규정할 방법은 그의 말과 행동밖에 없기 때문이다. 내가 하는 행동이 곧 나 자신이다. 나쁜 행동을 하면 나쁜 사람이고, 바보 같고 멍청한 생각을 하는 사람은 멍청이고 바보다. 그래도 한 가지 사실을 짚고 넘어가자면, 누군가 저지

1. 바보는 종류도 다양하다

른 가장 나쁜 일과 가장 멍청한 생각만으로 그 사람을 판단해서는 안 된다. 인간은 원래 한 지점에 고정되어 있는 존재가 아니며 연속선상 어딘가에 서 있는 복합적 산물이기 때문이다.

오직 착하기만 하거나 순수하게 악하거나, 늘 똑똑하고 언제나 멍청하기만 한 사람은 영화나 소설 속에만 존재할 뿐이다. 이마저도 '이상화(idealization, 현실 속 불완전한 대상을 이상적 형태로 재현하거나 표현하는 과정-옮긴이)' 작업을 거친 결과물이다. '바보'나 '멍청이', '바보 멍청이' 같은 표현은 독일 사회학자 막스 베버(Max Weber, 1864-1920)의 '이상형(ideal type)' 개념으로 이해할 수 있다. 이상형이란 현상의 특정 측면을 강조해 만들어낸 개념 모형으로, 현실에서는 이 같은 특징이 단일한 형태로 존재할 수 없다는 점을 강조한다. 인간은 모두 선한 사람과 악한 사람, 똑똑한 사람과 멍청한 사람 사이 연속선상의 어떤 지점에 존재한다. 하지만 누구도 같은 지점에 서지는 않는다. 남들보다 더 멍청한 사람도 있고 더 악한 사람도 있다.

아니면 더 멍청하면서 악하기까지 한 사람도 있다. 아예 멍청하지 않은 사람은 없으며 누구나 때때로 멍청한 실수를 저지른다. 하지만 이 특정 측면이 유난히 두드러져 혹시 '이상형'이 현실에서 구현된 것이 아닐까 싶은 사람들이 분명 존재한다.

누군가 시답잖은 이야기를 하고 있을 때, 그 사람이 얼마나 바보 같고 멍청해 보이는지는 사실 말의 내용보다는 말하는 방식에 달려 있다. 예를 들어, 어떤 사람이 "모든 일에는 다 이유가 있다"는 주장을 한다고 가정하자. 어디서 주워듣고 와서 앵무새처럼 그냥 되풀이한 것이라면 그 사람은 바보다. 반대로 이 문제에 대해 깊이 생각한 후 스스로 이와 같은 결론에 도달한 사람이 있다고 하자. 꽤 많이 존재하는 이런 사람들은 멍청이다. 모든 일에 원인이 있다는 믿음에는 타당한 근거가 있지만, 이를 표현하는 과정에서 모든 일은 이유가 있어서 일어난다고 슬쩍 바뀌기 쉽다. 이렇게 믿을 만한 근거는 사실 없다. '이유'라고 말하면 일어나는 모든 일에 어떤 목적이 있다는 뜻이며, 실제로 훨씬 더 방대한 의미와 목적, 연관성을 전제한다. 그러나 모든 일에 이 같은 우주적 목적이 있다고 믿을 만한 근거는 없다.

인간이라면 누구나 자신이 속한 세계에 대해 성찰한다. 그 과정에서 언어의 한계에 갇혀 실체를 잘못 짚을 때가 많다. 멍청이는 끊임없이 생각하고 성찰하기 때문에 이러한 혼란에 대한 대화가 가능하다. 루트비히 비트겐슈타인(Ludwig Wittgenstein, 1889-1951)에 따르면 철학적 의문이 생겨나는 시점은 다음과 같다. 표현에 혼란을 겪을 때, 여러 사상이 충돌할 때, 불가피하면서도 양립할 수는 없는 몇 가지 생각이 서로 부딪혀 타인과 세상을 더는 연결할 수 없을 때다. 그렇다면 생각과 언어를 정리할 필요가 있다. 멍청이는 자기주장이 옳은 이유에 대해 논리적 근거를 동원하며 논쟁을 펼친다. 좋은 멍청이라면 자신의 말이 맞는다고 무조건 확신하기보다 다른 가능성도 열어둔다. 그러나 나쁜 멍청이는 반대다. 자기주장에 한 치의 의심도 없다. "모든 일은 이유가 있어 일어난다"는 말에 누군가 반론을 제기하면 당연히 맞는 말이라는 둥 하며 단호하게 반박한다. 이때 나쁜 멍청이는 자신의 오류를 생각 없이 받아들이는 바보 멍청이로 변신한다.

요즘은 과거에 비해 바보를 걸러내기 어려워졌다. 예전보다 훨씬 다양한 의견이 존중 받는 시대라서 그렇다. 과거에는 주류의 의견을 생각 없이 답습하는 사람을 바보로 여겼다. 그런데 요즘은 워낙 다양한 의견이 광범위하게 퍼져 있다 보니 누가 조금만 남들과 다른 주장을 펼쳐도 마치 독자적 사고를 하는 사람처럼 보인다. 바보란 비판 의식 없이 권위에 복종함으로써 무리에 끼는 사람을 말한다. 이들은 무리 본능이 강하다. 멍청이는 그보다는 훨씬 독립적이다. 홀로 선 존재다. 자신을 다잡기 위해 때로는 조심스럽게 더듬거리기도 하고 가끔은 갑자기 마구 치고 나가기도 한다.

바보 같다고 해서 늘 나쁜 것만은 아니다. 일정한 양의 우둔함이 없다면 세상은 오히려 제대로 돌아가지 않을지도 모른다. 경영학자 마츠 알베손(Mats Alvesson, 1956-)과 안드레 스파이서(André Spicer, 1977-)는 '기능적 우둔함(functional stupidity)'에 관한 이론에서 조직이 기능하는 데 있어 우둔함은 필수 요소라고 주장한다. 이 이론에서는 기능적 우둔함을 '용의주도하게 선택된 한정적 상황 외에서는 인지력과 사유능력을 제한하는 무능력이자 의지의 부재'라고 정의한다. 직원의 인지적 역량을 최대한 활용할 방법에만 치우쳐 있던 당시 조직 이론에 대항마로 떠오른 이론이다. 알베손과 스파이서는 직원의 일거수일투족을 확인하고 하는 일마다 세세히 보고하게 만드는 조직은 결국 제대로 돌아가지 못한다면서, 기능적 우둔함이 '한정적이고 "안전한" 영역이 아닌 부분에 지적 자원을 사용하길 거부하는 것'이라고 설명한다.[5] 조직 구성원은 업무의 진행 방향을 스스로 판단할 필요가 없으며(또는 최소한의 판단만 하면 된다) 이를 통해 일종의 안정감을 얻는다. 구성원 간의 마찰이 줄어들고 조직에 질서가 잡힌다. 다시 말하면 각자 맡은 일에 집중할 수 있게 된다.

25년 전 텔레노르 그룹(Telenor, 노르웨이에 본사를 둔 다국적 이동통신사-옮긴이)이 본사 건물을 새로 지으면서 내게 회사 정관을 써달라고 부탁했다. 새 사옥 디자인에 몇 가지 메시지를 담았다는데, 그중에 습관이 창의력을 방해한다는 내용이 있었다. 회사는 사옥이 직원들의 창의력을 키우는 공간이 되기를 바랐고, 그러기 위해서는 그 안에서 습관적으로 행동하지 않도록 디자인하는 것이 중요하다고 생각한 것이다. 살면서 내가 들어본 가장 바보 같은 소리 중 하나였다.

습관은 창의력을 짓밟는 원흉이 아니라 오히려 창의력에 날개를 달아준다. 습관적 행동 없이는 아무것도 제대로 할 수 없으며 그 어떤 혁신도 이룰 수 없다. 텔레노르는 분명 훌륭한 철학을 지닌 회사였다. 존 스튜어트 밀(John Stuart Mill, 1806-1873, 영국의 철학자이자 경제학자-옮긴이) 역시 권력에 길들여지는 습관에 대해 경고하며 다음과 같이 말했다.

인간의 인지력과 판단력, 사리를 분별하는 직관과
정신적 활동, 도덕적 선호도는 오직 선택이라는
행위를 통해서만 발휘된다.[6]
관습의 전제(專制)는 어디에나 존재하며 끝없이 인
간의 진보를 가로막는다.[7]

밀과 텔레노르 그룹 모두 습관이 근본적으로 삶에
미치는 긍정적 역할을 간과한다. 그러나 습관이 없
다면 세상은 무의미해질 수 있다. 습관이 존재하기
때문에 세계는 하나로 연결되고 각각의 사건에도 적
절한 맥락이 생겨 의미 있는 일이 된다. 습관이 없다
면 세상에 말이 되는 일도 없을 것이다. 물론 좋은 습
관뿐 아니라 나쁜 습관도 있다는 점은 따로 논의할
문제다. 습관에서 벗어나려면 이미 습관으로 굳어진
관성적 바탕이 꼭 필요하다. 이와 마찬가지로, 어떤
일을 실행에 옮겨 끝마칠 수 있으려면 기본적으로
우둔함이 필요하다. 세상 모든 일을 계속 생각하다
가는 정작 아무것도 할 수 없다.

알베손과 스파이서의 개념은 비단 기업이나 조직 뿐 아니라 다양한 영역에서 활용이 가능하다. 어떤 일이든 제대로 하기 위해서는 기능적 우둔함이 필수이며, 이는 개인에서 사회적 영역에까지 두루 적용할 수 있다. 우둔함이 없다면 세상은 삐걱거릴 것이다. 그러나 알베손과 스파이서는 잘못된 관행에 의문을 전혀 품지 않고 매몰되면 우둔함은 제 기능을 못한다고도 경고한다. 우둔함은 기계에 윤활유 역할을 하지만 그 정도가 지나치면 기계는 결국 고장 나고 만다. 유익한 기능적 우둔함은 분명 존재하지만 언젠가는 이것이 해로운 우둔함으로 둔갑할 가능성이 크다는 점이 문제다.

2

바보는
생각이 없다

철학자들은 대체로 사고(思考)의 밝은 면만 보고자 한다. 즉, 지혜를 찾으려고만 하지 반대 경우를 깊게 파는 일은 별로 없다. 그래도 전혀 없지는 않다. 풍자 문학의 진수로 불리는 에라스뮈스(Erasmus, c.1466-1536, 르네상스 시대 네덜란드의 철학자-옮긴이)의 《우신예찬(愚神禮讚)》(1509)에는 어리석음의 신이 자신의 능력을 자화자찬하는 장면이 나온다.[1] 에라스뮈스는 이 작품에서 바보 같은 우둔함이 정치, 사회, 종교에 미치는 영향을 해학적으로 그리며, 비판적 사고만 해도 어리석음을 치유할 해독제를 얻을 수 있다고 말한다.

칸트는 어리석음을 판단력의 부재라고 정의한다.

판단력의 부재야말로 진정한 어리석음이라고 할 수 있으며 이러한 결함은 바로잡기 어렵다.[2]

칸트에게 어리석음이란 지식이 없는 게 아니라 지식을 적재적소에 사용하지 못하는 상태를 의미한다. 이해력이 부족할 뿐이라면 그냥 단순한 사람이지만 판단력이 없다면 일단 바보라고 봐야 한다. 칸트에 따르면 이 같은 결함은 구제할 방법이 없다. "판단력은 특별히 타고나는 재능이며 가르칠 수 있는 것이 아니라 오직 실천할 수 있을 뿐이다"[3]라는 그의 주장과 같은 맥락이다. 즉, 처음부터 판단력을 갖고 있지 않은데 중간에 배울 수는 없다. 경험을 통해 숙달된 판단력을 발휘하려면 애초에 최소한의 판단력을 갖고 있어야 한다. 판단력이 아예 없는 사람이 제대로 살 수 있다고 보기는 어렵다. 그런 사람은 세상에서 똑바로 방향을 잡고 서 있기 힘들다.

최소한의 판단력만 있다면 아주 똑바로 서 있지는 못하더라도 적어도 어떻게든 방향을 잡을 수는 있다. 판단력은 일반적 개념을 특정 상황에 적용하는 능력이다. 칸트는 이 능력이 없는 사람을 어리석다고 여겼다. 이론적 판단과 도덕적 판단 모두 마찬가지다. 아무리 윤리 이론을 줄줄이 꿰고 있어도 구체적 상황에 적용할 수 없다면 도덕적으로 바보라고 볼 수 있다. 넓은 의미에서 보면 누구나 '생각'을 한다고 볼 수 있겠지만 그 생각이 구체적 경험과 연결되지 않는다면 알맹이가 없다. 칸트는 "학문적으로 지식이 풍부한 이들 중에도 판단력이 결여된 사람을 자주 볼 수 있다. 이런 경우 도저히 개선의 여지가 없다"고 강조했다.[4]

지식을 경험에 연결할 수 있다 하더라도 그 과정에서 판단력에 심각한 결함이 드러난다면 그 역시 바보라고 할 수 있다. 주변에 파리가 윙윙대며 날아다녀 신경질이 난 사람이 있다고 가정하자. 파리는 이제 창가에 가만히 앉아 있다. 이 사람은 파리채로 파리를 잡기로 한다. 정확한 판단이다. 그런데 파리채가 보이지 않아서 대신 다른 물건을 손에 쥐고 파리를 내려친다. 프라이팬이다. 그는 파리를 잡으려다 창문을 산산조각 내고 만다. 바보라도 객관적으로 복잡하고 어려운 개념을 많이 알고 있을 수 있다. 문제는 그 개념을 각각의 상황에 똑바로 적용하지 못한다는 데 있다. 하지만 이것만으로는 바보에 대해 전부 설명할 수 없다. 칸트는 이에 대해 '단순하다', '속 좁다', '순진하다', '어리석다' 같은 다양한 표현을 사용한다. 서로 연관되어 있으면서도 명확히 정의하기는 모호한 단어들이다.

귀스타브 플로베르(Gustave Flaubert, 1821-1880)의 《부바르와 페퀴셰》에 등장하는 부바르와 페퀴셰야말로 칸트가 말하는 바보의 정석이다. 두 주인공은 파리의 한 벤치에서 우연히 만나 친구가 된다. 둘 다 별 볼 일 없는 비슷한 부류다. 부바르가 유산을 상속받게 되자 두 사람은 함께 시골 농가로 떠나 농사를 짓기로 한다. 그곳에서 여러 분야의 과학 지식을 닥치는 대로 섭렵하지만 이를 농사에 적용하는 데는 완전히 실패하고 만다.[5] 두 사람의 또 다른 특징으로는 끊임없이 진부하고 상투적인 대화를 나눈다는 점을 들 수 있다. 이 사실과 둘의 실패는 어떤 연관성이 있을까? 부바르와 페퀴셰는 무엇도 깊게 파고드는 법이 없고, 열정은 넘치지만 단언컨대 피상적이다. 판단력 결여는 결국 이해력 결여와 같다는 점을 생각하면 이 두 가지 측면을 연결할 수 있다. 즉, 추상적 지식이 없다는 뜻이 아니라 지식을 실제 경험과 연결하지 못한다는 의미다.

플로베르는 어리석음에 관해《상투적 생각 사전(The Dictionary of Received Ideas)》이라는 책을 쓰기도 했다.《부바르와 페퀴셰》와 마찬가지로 그의 사후에 출판되었다.[6] 기본적으로 진부한 표현과 상투어를 모아놓은 책이다. 플로베르는 이 책에 대해 머리말에서 '모든 종류의 통념에 대한 찬양'이라고 반어법으로 묘사한다. 본문 내용 역시 전제 없는 결론으로 가득하다. 플로베르는 한 편지에 이렇게 썼다. "무조건 결론에 다다르기를 바라는 것이 어리석음이다."[7] 무슨 암호도 아니고, 이 말을 어떻게 해석해야 할지 모르겠다. 플로베르는 결론의 목적은 사고의 수고로움을 덜어주는 것이라고 여겼다. 결론이 나면 문제가 해결되었다고 생각하기 때문에 더는 사고할 필요가 없다.《상투적 생각 사전》에서 플로베르가 비웃은 근거 없는 신념 중 일부는 작가 자신의 생각이기도 하다. 어리석음에 관한 플로베르의 문학적 탐구는 사실 자기 비판적인 면이 적지 않다. 스스로의 어리석음을 돌아본다고 그 어리석음이 없어지지는 않지만 그래도 출발점으로 삼을 수는 있다.

오스트리아 출신 작가 로베르트 무질(Robert Musil, 1880-1942)의 소설 《특성 없는 남자》에는 예전 같았으면 바보 취급을 받았을 사람들이 이끄는 사회가 등장한다. 원래는 인정받지 못했을 사람들이 여기서는 유명 인사이고, 전에는 너무 가볍다는 평가를 받았을 생각과 사상에 무게가 실린다. 소설의 배경은 오스트리아-헝가리 제국(1918년 해체)의 마지막 시기로 설정되어 있지만, 그로부터 100년도 더 지난 현대에 비추어봐도 정확히 들어맞는 상황이다. 무질은 이를 '시대의 보이지 않는 병폐'라고 부르며 자신이 이 병의 정체를 알아냈다고 믿었는데, 바로 '단순하고 어디서나 볼 수 있는 어리석음'이다. 그러나 이 평범한 어리석음에는 교활한 면이 있어 곧잘 '진보, 천재성, 희망,

발전' 같은 모습으로 위장한다.[8]

소설의 등장 인물 중 가장 어리석은 인물은 산업 거물인 아른하임(Arnheim) 박사다. 아른하임은 '명망 있는 남자'로 묘사되며 사업과 정치, 철학, 과학을 비롯한 다양한 분야에 능통하고 5개 국어를 유창하게 구사하는 인물이다.[9] 이런 사람이 어리석음의 살아 있는 화신이라니 이상하게 들리겠지만, 아른하임은 이것 저것 다양하게는 알지만 깊이는 전혀 없다. 제대로 아는 것은 없고 그저 매사 겉핥기 식이다. 특정 주제에 대해 진짜 전문가와 대화하는 장면에서 이 점은 극명히 드러난다.

자신의 견해를 증명하려고 전문 지식의 영역에도 마치 소풍 가듯 발을 들여놓지만 사실 엄격한 기준을 통과하기에는 무리가 있었다. 그나마 책은 많이 읽은 듯했지만 전문가가 보면 곳곳에 논리의 구멍이 있었고 반드시 틀린 부분이 드러났다. 누가 보더라도 대충이었고 아마추어 같았다. 바느질

한 땀만 봐도 집에서 그냥 꿰맸는지, 장인의 손길인지 알 수 있는 것과 마찬가지였다.[10]

아른하임은 말을 장황하게 늘어놓지만 실제로 뭘 알고 하는 말은 아니다. 그저 어디서 읽은 내용을 줄여서 말할 뿐이고 그마저도 피상적이다. 유머나 풍자 등은 거의 병적으로 혐오했다. 대충 훑어 얻은 얄팍한 지식으로는 도달할 수 없는 경지이니 그럴 만도 하다.

무질은 1937년 비엔나에서 '어리석음에 관하여'라는 주제로 강연을 했는데, 여기서 어리석음이란 지능이 낮거나 이해력이 부족하다는 의미가 아니라고 강조했다.[11] 물론 지적으로 취약한 사람을 가리킬 때도 '어리석다'는 표현을 쓰긴 한다고 인정했다. 하지만 무질은 지능 문제로 인한 어리석음보다는, 자신의 한계를 모르는 데서 나타나는 어리석음에 더 집중했다.[12] 무질이 말하는 '지적인 바보'는 공부를 헤아는 건 많고 심지어 교양도 꽤 갖췄지만 스스로 포장하는 바에는 미치지 못하는 사람을 뜻한다. 이런 종류의 어리석음을 치료할 방법이 있을까? 무질에 따르면 답은 간단하다. 절제(Bescheidung)하면 된다.[13] 자신을 지나치게 높이지만 않아도 바보 멍청이가 되는 일은 면할 수 있다. 자신의 식견에 한계가 있다는 사실을 늘 인식하도록 노력해야 한다.

아른하임 박사처럼 잘난 척하길 좋아하는 바보들은 별것도 아닌 하찮은 지식을 마치 대단한 지혜라도 되는 양 떠받든다. 바보들은 누구나 아는 지식 이상을 넘어서지 못하고 어디서 주워들은 이야기를 그저 앵무새처럼 반복해서 전달할 뿐이다. 거기에 문제가 있다고 생각하지 못하기 때문에 그들은 바보인 상태로 머물러도 전혀 불편을 느끼지 않는다. 물론 바보라고 지적당하는 순간 노발대발하겠지만 말이다.

성찰 없는 삶

우선 인간은 누구나 바보이며 기본적으로 생각이 없

다. 사실 그래야 한다. 우선 다른 사람들이 인간과 세계에 대해 먼저 알아낸 사실을 받아들이고 난 후에야 자기 생각을 정립할 수 있다. 그러고 나서 점차 자신의 신념을 판단하고 조절할 수 있게 된다. 이렇게 하지 않는 사람이야말로 바보다. 칸트는 이를 가리켜 사고에 있어 '스스로 초래한 미성숙'이라고 표현했다. 플라톤(c. 기원전 428-348)의 저서 《소크라테스의 변론》에는 소크라테스(c. 기원전 470-399)가 이를 '자기 성찰이 없는 삶'을 사는 것이라고 설명하는 장면이 나온다.[14]

소크라테스의 표현은 그리스어로는 'anexétastos bíos'인데 직역하면 '검사하지 않는 삶' 또는 '연구하지 않는 삶'이라는 뜻이다. 그렇다고 모든 사람이 전부 과학자 수준의 '연구자'가 되어야 한다는 의미는 아니다. 다만 무엇이든 주어진 대로 받아들이고 전혀 의문을 품지 않는다면, 동물과 구별되는 인간의 지적 능력을 제대로 활용하지 않는 것이다. 그 결과 인간으로서 마땅히 누려야 할 삶을 온전히 살지 못한다.

이시구로 가즈오(1954-)의 1989년 소설 《남아 있는 나날》에서도 같은 관점을 찾아볼 수 있다. 주인공인 집사 스티븐스는 나치에 동조했던 달링턴 경을 모시며 헌신했던 자신의 삶을 돌아본다.

달링턴 경은 나쁜 사람이 아니었다. 그건 전혀 아니었다. 그분은 최소한 삶의 마지막 자락에서 실수를 인정하는 특권을 누렸다. 용기 있는 분이었다. 그분은 인생의 길을 선택했다. 잘못된 길이었음이 드러났지만, 그래도 스스로 선택한 길이었다. 적어도 그 점만은 말할 수 있다. 내 경우에는 그조차 할 수 없다. 알다시피 나는 믿음이 있었다. 나는 그분의 지혜를 깊이 신뢰했다. 그분을 모셨던 긴 세월, 내가 가치 있는 일을 하고 있다고 믿어 의심치 않았다. 나는 실수했다고 말할 수도 없다. 정말이지, 스스로에게 묻는다—이것이 존엄을 지키는 삶이라고 할 수 있는가?[15]

스티븐스는 한 번도 자신의 삶을 산 적이 없고 스

스로 생각한 적이 없다. 결국 실수조차 스스로 한 적이 없다. 여기에 부끄러움이 있다. 스티븐스는 '성찰 없는 삶'을 살았다. 이런 삶은 살 가치도 없다고 말하는 건 조금 가혹하다. 하지만 무언가 본질이 빠진 삶이라는 점은 확실하다. 스티븐스는 자기 삶에 스스로 책임을 진 적이 한 번도 없다.

인간은 행동뿐 아니라 생각에 대해서도 서로에게 그리고 자기 자신에게 책임질 수 있어야 한다. 생각할 책임, 올바른 생각을 할 책임이 있다. 이것이 칸트가 말하는 계몽의 핵심 개념이다.

계몽은 인간이 스스로 초래한 미성숙에서 벗어날 수 있는 길이다. 미성숙이란 다른 사람의 도움 없이는 스스로 생각할 수 없는 상태를 말한디. 이려한 미성숙은 사고력이 부족해서가 아니라, 타인에게 기대지 않고 사고하고자 하는 결난력과 용기가 없는 데서 비롯하므로 결국 스스로 초래하는 것이다. 그러므로 계몽의 핵심 구호는 이러하다.

칸트의 말은 남의 의견을 듣지 말라는 뜻이 전혀 아니다. 그보다는 모든 사람이 각자의 생각과 옳다고 믿는 신념에 대해 책임을 져야 한다는 의미다. 스스로 생각할 수 있어야 하지만 칸트에 따르면 이는 타인과의 대화를 통해서만 진정으로 가능하다. 그래서 표현의 자유를 강조한다. 스스로 사유한다는 것은 속으로 하는 독백이 아니라 개인의 지적 능력을 공통체를 위해 사용하는 것을 의미한다.

지금은 칸트가 살았던 시대와는 상황이 조금 다르다. 당시에는 한 사람이 과학과 철학 대부분의 분야를 주도하는 것이 가능했다. 칸트는 처음에는 물리학자로 이름을 알렸지만 이후 인간의 내적 본성에 관심을 가졌으며 사실상 모든 전문 분야를 섭렵했다. 현대에서는 더는 그렇게 광범위한 영역에서 두각을 나타내기 힘들다. 보통은 엄청난 노력을 기울여야 그나마 한 분야 정도에서 돋보일 수 있으며, 그마저도 그 분야 전체가 아니라 특정한 한 갈래에 한정된다. 비범한 재능을 타고나서 특출한 노력을 기울인다면 두세 분야를 다뤄볼 수는 있겠지만, 이제 한 사람이 모든 영역에서 박학다식한 시대는 막을 내렸다. 더군다나 과학 분야는 비전문가가 이해하기에는 너무 난해해져서 아예 라틴어로 쓴다고 해도 상황이 크게 다르지 않을 듯하다. 그리고 인류 전체의 지식이 방대해질수록 개개인이 소화할 수 있는 지식의 양은 줄어든다.

아리스토텔레스(기원전 384-322)는 《형이상학》 서두에서 "인간은 누구나 본능적으로 알고자 하는 욕구를 갖는다"는 유명한 말을 남겼다.[17] 요즘에는 알고자 하는 욕구보다는 '아는 것처럼 보이고자 하는 욕구'라고 하는 게 더 맞을 듯하다. 소셜 미디어에는 박학다식의 시대가 끝나기는커녕 지금이 만능 척척박사의 최전성기인 양 구는 사람들이 많이 보인다. 특히, 스스로 권위자인 척 말할 수 있다고 여기는 분야의 범위가 말도 안 되게 넓다. 기후 변화, 미국의 국

내 정책, 에너지 위기, 유행병, 전쟁 등 주요 뉴스라면 무엇이 되었든 확신에 차서 자기 말을 들으라고 목소리를 높인다. 마치 무한 지혜의 수호신이라도 된 듯하다. 그중에서도 제일 많은 유형은 자칭 척척박사다. 요즘 같은 시대에 모든 분야의 전문가인 양 행세하는 사람이 있다면 그는 분명 수박 겉 핥기 식인 아마추어다.

현대 사회에서는 정보나 지식을 스스로 철저하게 확인해 습득하기가 어렵기 때문에 모든 사람이 전문가의 말을 그저 앵무새처럼 되풀이할 수밖에 없다. 우리의 지식은 대부분 신뢰에 기반한다. 정보를 직접 살펴보지 않고 당연히 다른 누군가가 더 잘 알 거라고 무조건 믿는다는 점에서 '바보 같은' 지식이라고 불러도 무방하다. 진짜 지식의 수호자로 알려진 사람이 있다 해도 확인할 길이 없다. 그걸 확인할 수 있으려면 결국 그들만큼의 지식을 보유해야 하는데 그 정도 지식이 있다면 더는 그들이 필요 없다. 우리가 안다고 믿는 내용은 상당 부분 권위자의 말을 따른 것에 불과한 경우가 많다. 우리는 그 과정에서 누구 말을 믿을지 또는 믿지 않을지 정도를 선택할 뿐이다. 칸트의 관점에서 평가하면, 대부분의 사안을 전문가의 권위에 의지한다는 점에서 '미성숙'하다고 볼 수 있다. 하지만 이 중 '스스로 초래한' 면은 일부에 불과하다. 엄청난 양의 지식을 모두 직접 확인할 수는 없는 상황에서 사실상 다른 선택지가 없다. 모든 일을 하나하나 깊이 있게 들여다볼 수는 없지만 적어도 정보의 출처에 대해서는 비판 의식을 가져야 한다.

검증된 정보를 선택하라. 외부의 비판을 허용하는지, 자기비판이 가능한 구조인지는 정보의 출처를 판단할 때 매우 중요한 부분이다. 스스로를 무능하게 만드는 사람들, 즉 바보들은 지식의 출처에 대한 비판 의식이 없다. 의학 정보가 필요할 때 아무 블로그나 유튜브를 뒤지지 않고 〈란셋(The Lancet, 세계적인 의학 저널-옮긴이)〉을 찾아보는 이유는 거기에 게재된 내용이 무조건 맞기 때문이 아니다. 실제로 틀릴 때도 있

2. 바보는 생각이 없다

다. 하지만 〈란셋〉은 지식을 세상에 내놓기 전에 여러 단계의 정식 확인 절차를 거친다. 이후에도 연구자들이 저널에 실린 연구에 틀린 점은 없는지 적극적으로 파헤치며 철저히 정보의 품질을 관리한다. 과학은 반증에 기반하며 제도적으로 자체 검열이 이루어진다. 그렇기 때문에 더욱 신뢰할 수 있는 정보가 된다.

무지하다고 바보는 아니다

한 논리 강의에서 칸트는 '멍청이'라는 단어가 순수하게 무지한 사람을 가리키는 말이 아니라 실제로는 아무것도 모르면서 매사에 나서서 아는 척하는 사람이라고 말한다.[18] 솔 벨로(Saul Bellow, 1915-2005)의 소설 《허조그》(1964) 속 주인공의 말처럼, 어떤 질문에도 대답할 준비가 되어 있는 사람은 바보일 게 틀림없다.[19] 어떤 주제에 대해서도 늘 지적인 대화가 가능하다고 생각한다면 그야말로 자기 한계에 대한 개

넘이 없다고 볼 수 있다. 이런 사람들은 이스라엘과 팔레스타인 간의 갈등을 어떻게 해결할지, 원자력이 야말로 미래 에너지가 나아갈 유일한 방향인지 등의 질문을 받으면 그냥 '모르겠다'고 하지 않고 신나게 떠들어댄다. 하긴 누구나 매일 알지도 못하는 일에 대해 허튼소리를 퍼트리고 다니지만 말이다.

미국의 철학자 해리 프랑크푸르트(1929-2023)는 사람들이 '개소리(bullshit)'를 하는 주요 원인은 '민주주의 사회의 시민이라면 사회에 일어나는 모든 일에 적절한 의견을 가져야 한다는 믿음이 널리 퍼진 탓'이라고 강조한다.[20] 누군가가 내게 우크라이나가 러시아 침공에 맞설 수 있을지, 암호화폐가 결국 무너질지 아니면 유럽중앙은행(European Central Bank)의 인플레이션 정책은 무엇인지 등을 묻는다면 나는 뭔가 중요한 의견이 있는 듯 심각한 척을 할 것이다. 그러나 실은 이런 문제에 관해 전혀 아는 게 없으며 그저 대화를 이어가기 위해 대답할 뿐이다. 개소리의 확실한 특징은 개소리를 지껄이는 사람이 진실의 가치에는 관심이 없고 단지 그 효과에만 집중한다는 점이다. 이 경우 의도 자체는 나쁘지 않을 수 있다. 예를 들면 분위기를 깨지 않기 위해 건네는 말 등인데, 이러나 저러나 결국 헛소리일 뿐이다. 진실을 말하는 데는 많은 노력이 필요하지만 헛소리를 하는 데는 별 수고가 들지 않는다.

현대 사회에는 세상에 일어나는 모든 일에 대해 자기 의견을 가져야 한다는 압박이 존재한다. 사회적으로 중요한 문제라면 더욱 그렇다. 그러나 이런 사안들은 워낙 복잡미묘하기 때문에 그러한 주제에 대해 실질적인 의견을 표출할 자격이 있는 사람은 거의 없다. 이런 상황에서 우리는 최소한 정보의 출처라도 잘 확인해야 하며, 어떤 일을 참이라고 믿을 때는 신뢰할 만한 근거를 갖추도록 늘 노력해야 한다.

무지한 사람과 바보는 다르다.[21] 단지 어떤 분야에 관한 지식을 쌓을 기회가 없어서 무지할 수 있다. 반면 게을러서 또는 기존에 갖고 있던 신념에 반하는 지식이라 알고 싶어 하지 않았기 때문에 무지할 수도 있다. 버트런드 러셀(Bertrand Russell, 1872-1970, 영국의 철학자이자 사회 비평가로 1950년 노벨 문학상을 수상했다-옮긴이)은 클로드-아드리앙 엘베티우스(Claude-Adrien Helvétius, 1715-1771, 프랑스의 철학자-옮긴이)의 말을 인용해 다음과 같이 기술했다.

> 인간은 어리석은 게 아니라 무지한 상태로 태어난다. 그리고 교육을 통해 바보가 된다.[22]

이 말이 맞다면 교육이 삶에서 가장 필요한 기술을 가르치지 않기 때문일 것이다. 바로 비판적으로 사고하는 능력 말이다.

좋은 질문을 한다는 것은 그만큼 명석하다는 뜻이다. 무지를 드러내는 질문이라도 마찬기지다. 하지만 누가 봐도 명백히 바보 같고 멍청한 질문도 있다. 질문한 사람의 배경을 고려하면 절대 몰라서는 안 되는 사실을 모르고 하는 질문이 그렇다. 그건 질문자의 잘못이다. 한 나라의 장관이 되어서는, 친한 친구가 자기 부처에서 나오는 정부 기금을 신청했는데 본인이 심사에서 빠져야 하냐고 묻는다면 얼마나 바보 같은 질문인가. 당연한 걸 묻고 있으니 말이다. 논리적 오류나 잘못된 양분법 등을 포함한 질문 역시 멍청하다. 예를 들면 "국가가 모든 시민을 일일이 감찰하는 게 나을까, 아니면 테러리스트라도 무한 자유를 보장하는 게 나을까?" 하는 식이다. 세상에 선택지가 단 두 개뿐이라고 가정하다니 멍청하기 짝이 없다. 그럴 리가 없지 않은가. 사고의 흐름만 방해할 뿐 아무짝에도 쓸모없는 질문이다.

한나 아렌트(Hannah Arendt, 1906-1975, 독일의 철학자-옮긴이)는 나치 전범이었던 아돌프 아이히만(Adolf Eichmann, 1906-1962)의 행동을 '고의적 생각 없음'이라고 설명한다. 아이히만은 유럽 전역의 유대인 집단 학살에 가담했던 주요 인물 중 한 명이다. 아렌트에 따르면 아이히만은 관료로서 임무를 수행하는 데 아무 어려움이 없었고 행정과 협상 업무를 능숙하게 처리했으므로 지능에는 전혀 문제가 없었다. 아렌트는 1963년 저서 《예루살렘의 아이히만》에서 생각이 없는 것과 어리석음은 다르다고 구분하지만 아이히만에 대해 구술할 때는 '어리석다'는 단어를 반복적으로 사용했다.[23] 아이히만 자신도 생각이 없었다고 증언했다.

별 생각 없이 명령에 복종했을 뿐입니다.[24]

아렌트가 언급한 대로 아이히만은 판에 박힌 듯한 말만 이어갈 뿐 거기서 어떤 사고의 흐름이나 사유의 흔적도 찾을 수 없다. 아이히만도 자기가 할 줄 아는 말은 '관료의 언어'밖에 없다고 주장했다.[25] 여기서 관료의 언어란 개인의 성격이나 사고가 들어 있지 않은 언어를 말한다. 이미 정해진 상투적인 문구나 슬로건을 외칠 때는 생각하는 수고를 할 필요가 없고, 그 무엇도 성찰의 영역에 들여놓을 필요가 없다. 아이히만은 자신이 하는 일에 대해 숙고한 적이 없었다는 점에서 바보였다. 그 결과 그는 선과 악

2. 바보는 생각이 없다

을 식별하는 능력도 잃어버렸다.[26] 판단력을 상실했고 비판적 사고를 하지 못했다. 비판적이라는 말은 사안을 구분하는 능력이 있다는 뜻이다. 사고(思考)의 목적은 추상적 지식을 쌓는 데 그치지 않고, 판단하며 구분하는 능력을 갖는 데 있다. 그리고 선과 악 사이에는 명확한 구분이 존재한다. 아렌트는 이렇게 말한다.

옳고 그름을 결정하는 능력이 인간의 사고력과 관련이 있다면, 더 많은 사람들이 스스로 생각할 수 있도록 해야 한다.[27]

책을 너무 읽어 바보가 된 경우

책을 읽지 않는 사람이라면 바보 되기 일보 직전이라고 볼 수 있다(오디오북도 괜찮다). 하지만 책을 읽어서 오히려 바보가 될 수도 있다. 코미디 영화 〈완다라는

이름의 물고기〉(1988)에 자객으로 나오는 오토(Otto)
는 바보 같다는 말에 기분 나빠하며 자기는 철학책
을 읽기 때문에 그럴 리가 없다고 항변한다. 하지만
무척 많은 바보들이 철학책을 읽는다. 사실은 철학
책을 읽어서 바보가 되는 경우도 있다.

아르투어 쇼펜하우어(Arthur Schopenhauer, 1788-1860)
는 독서가 '사고를 다른 사람에게 맡기는 행위'라며
책을 읽음으로 저자의 생각을 그대로 복사할 뿐이라
고 말했다. 독서를 통해 남의 생각을 베낄 뿐이라면
결국 비판적으로 사고하는 능력은 잃어버릴 수밖에
없다. 쇼펜하우어는 다음과 같이 주장한다.

> 학자들 중에도 이런 경우가 많다. 책을 너무 많이
> 읽다 바보가 돼 버린 것이다.[28]

정작 쇼펜하우어 자신은 다독으로 유명했고 당대
과학과 철학의 최신 동향을 놓치지 않았다. 그의 저
서에는 여러 문학 작품에서 참고한 인용구가 가득하

2. 바보는 생각이 없다

다. 세계의 다양한 종교 문헌을 열심히 찾아 읽었으며 뉴스도 놓치지 않고 챙겼다. 그렇게 따지면 쇼펜하우어야말로 '책을 너무 많이 읽다 바보가 된' 상황에 딱 들어맞는 사례다. 하지만 쇼펜하우어는 독서 자체를 반대한 것이 아니라, 비판적 사고 없이 그저 읽기만 하는 독서를 경계했다. 반론의 여지를 조금 줄여서 다시 말하자면 다음과 같다. 읽는 행위 자체에는 문제가 없지만 그냥 읽기만 해서는 의미가 없다. 읽으면서 생각을 해야 한다. 스스로 생각할 수 있어야 한다.

무비판적 독서에 관한 쇼펜하우어의 비판은 플라톤이 글쓰기에 대해 비판한 내용과 흡사하다. 플라톤은 문자의 발명이 다음 세대에 돌이킬 수 없는 해악을 입혔다며 이렇게 말했다.

글을 배우면 영혼에 망각을 불어넣게 된다. 모든 것을 기록에 의존하므로 더 이상 스스로 기억할 수 없게 되며, 내 안의 기억을 떠올리기보다 그저 외부 기호를 사용해 기억을 불러낼 뿐이다. 글은 기억을 위한 처방이 아니라 잊지 않도록 남기는 메모다. 그런 지식은 제자에게 전할 수 있는 진짜 지혜가 아니며 모조품일 뿐이다. 실제로 가르치지는 않고 그저 이야기를 전달하는 데 그치며 제자들 역시 뭔가 아는 듯 보이지만 실제로는 아무것도 모른다. 지혜로 채워지지 않고, 지혜를 가졌다는 자만만 가득한 인간은 그저 짐이 될 뿐이다.[29]

플라톤은 기록에 의존해 생각하는 것이 해롭다고 주장했다. 지성을 사용하지 않고 외부에 존재하는 문자에 바탕을 두기 때문이다. 진짜로 아는 게 아니라 읽은 것을 앵무새처럼 소리 내어 읊을 뿐이다. 읽은 내용에 관해 질문도 할 수 없으며 그저 받아들일 수밖에 없다.

고대 그리스 사람들은 지식을 전하는 방식으로 글보다 말을 더 우수하다고 여겼다. 기록에 관한 플라톤의 비판 역시 이에 기반한다. 글은 말로 하는 대화

2. 바보는 생각이 없다

와 달리 질문에 답할 수 없고 대화할 때 마주하는 다양한 상황에 대처할 수 없다는 이유다. 다시 말해 글은 수동적 매체이며 질문을 끌어낼 수 없고 답변할 수는 더더욱 없다. 글에 의존하면 정보를 기억하고 소환해 내는 능력을 잃어버리며 그로 인해 성찰하고 이해하는 능력까지 줄어들 수 있다. 실제로는 아무것도 모르는데 남들 눈에는 지식이 많은 사람처럼 보인다. 자기 자신에게도 마찬가지다. 플라톤에 따르면 이런 사람은 주변을 짜증 나게 만든다. 모든 걸 다 아는 양 구는 무지한 인간이기 때문이다.

플라톤은 해답을 찾을 때까지 함께 토론하고 대화를 나누어야 진정한 지식을 얻을 수 있다고 믿었다. 하지만 분명히 짚고 넘어가야 할 부분이 있다. 플라톤은 현실을 극단적으로 양분해 오로지 문자에만 의지하거나 아니면 전혀 글을 읽지 않거나 둘 중 하나밖에 없는 상황을 설정한 뒤, 후자일 때만 진정한 지식을 습득할 수 있다고 주장했다. 그러나 책을 읽는다고 해서 반드시 비판적 사고를 할 줄 모르는 앵무새가 되는 것은 아니다. 책 없이도 읽은 내용을 떠올릴 수 있으려면 그 내용을 철저히 내면에 새겨야 한다. 읽은 것을 완전히 이해해야 하며 그저 따라 말하는 것으로는 부족하다. 책을 읽으면서도 비판적으로 사고할 수 있다. 비판적 사고가 가능해지면 독서를 하면서도 자기 생각에 기반한 지식을 습득할 수 있다.

나와 생각이 같은 작가의 책도 물론 좋지만 그렇지 않은 책을 읽는 것이 훨씬 중요하다. 반박하려는 의도를 갖고 읽으면 소용없다. 그런 책 안에도 분명 어떤 통찰이 있으리라 여기고 그걸 찾으려 노력해야 한다. 이렇게 하면 나와 의견이 다른 작가의 책에서도 훌륭한 관점과 영감을 발견할 수 있다. 물론 모든 책이 다 훌륭하지는 않다. 아돌프 히틀러의 《나의 투쟁》(1925-1926)을 예로 들어보자. 아무리 좋게 보려고 세상 애를 써도 불가능하다. 하지만 이 책이 수백만 명의 마음을 울렸던 모양이라, 대체 어느 부분이 그렇게 사람을 끌어당기는지 직접 꼼꼼히 살펴보았다. 읽겠다는 사람을 말릴 수야 없겠지만 내가 직접 읽어보니 누구에게도 권하고 싶지 않은 책이다. 멍청하고 어리석은 데다가 지루하기까지 하다. 이 책을 읽을 시간이 있다면 차라리 다른 일을 하는 게 낫다.[30] 그래도 꼭 이 책을 읽어야겠거든 히틀러가 독서에 관해 한 이야기는 절대 따르지 않길 바란다. 히틀러는 스스로 책을 많이 읽는다고 강조하면서 자기가 말하는 '독서'는 세간이 말하는 '지성인'이라는 사람들이 의미하는 바와는 다르다고 주장한다.[31] 스스로 세상을 보는 관점에 위배되는 책은 읽을 필요가 없고 자신의 생각과 일치하는 책만 읽으면 된다고도 말한다.[32] 히틀러는 이 책에서 "그럴 때만 독서가 의미와 목적을 갖는다"고 주장한다.[33] 그러나 나는 반대라고 생각한다. 책을 읽는 이유는 이미 갖고 있는 생각을 확인하기 위해서가 아니라 전보다 한 걸음 더 나아가 생각하는 법을 배우기 위해서다. 아무 책이나 읽는다고 그렇게 되지는 않는다. 《나의 투쟁》 같은 책은 소용없다.

당신이 자유주의를 열렬히 신봉하고 프리드리히 하이에크(Friedrich Hayek, 오스트리아 출신 신자유주의 경제학자로 1974년에 노벨경제학상을 받았다-옮긴이)가 인생 롤모델이라면 카를 마르크스(Karl Marx)를 꼭 읽어보라. 열린 마음으로 읽다 보면 분명 그 전보다 한층 더 나은 사람이 될 것이다. 우선 평등에 대한 마르크스의 생각을 엿볼 수 있는 〈고타 강령 비판(Critique of the Gotha Programme)〉(1875)부터 시작하자. 반대로 뼛속까지 마르크스주의자라면 당연히 하이에크를 읽어야 한다. 《개인주의와 경제질서》 제1장에 실린 〈개인주의: 허와 실〉을 추천한다. 스스로 보수적인 편이라고 생각하는 사람이라면 에드먼드 버크(Edmund Burke)의 《프랑스 혁명에 관한 성찰》(1790)은 이미 읽었을 테니 다음에는 메리 울스턴크래프트(Mary Wollstonecraft)가 쓴 《인간권리옹호론(A Vindication of the Rights of Men)》(1790)을 읽어야 한다. 버크의 《프랑스 혁명에 관한 성찰》을 반박하는 내용으로, 울스턴크래프트의 비판적 관점이 뛰어나게 돋보이는 책이다. 반대로 울스턴크래프트가 롤모델이라면 당연히 버크의 글을 읽으라. 울스턴크래프트의 주장만큼 바보 같지는 않을 것이

다. 지금 나는 마르크스나 하이에크, 버크와 울스턴
크래프트의 '생각'을 배우기 위해 이들 책을 읽으라
고 권하는 게 아니다. 스스로 생각할 수 있도록 자극
을 받는 일이 중요하다. 그렇지 않으면 쇼펜하우어
의 말대로 '책을 너무 많이 읽다 바보가 될' 위험이
있다.

비트겐슈타인은 진정한 철학은 모두 개인적이라
고 말했다.

> 철학에 대한 탐구는 … 사실 자기 자신에 대한 탐
> 구다. 자기 개념에 대한 탐구이며 사물을 바라보
> 는 방식에 관한 탐구다(그리고 무엇을 기대하는지에 관한
> 탐구이기도 하다).[34]

나 역시 이 말에 동의한다. 비트겐슈타인이 가진
철학적 문제는 비트겐슈타인의 철학적 문제다. 나를
비롯한 다른 사람에게는 문제가 아닐 수 있다. 하지
만 비트겐슈타인이 품은 어떤 철학적 고찰은 우리에

게도 의미가 있다. 비트겐슈타인 같은 철학자의 책은 그의 철학 사상을 배우기 위해서가 아니라 철학적으로 사유하는 법을 깨우치기 위해 읽는다.

지성을 쌓는 과정에서 편식하면 반드시 결핍이 생기기 마련이다. 그러나 오늘날 사람들이 바보가 되어가는 원인이 책을 너무 많이 읽어서는 아니다. 수천 년 전에 세상에 살았던, 그리고 현재를 함께 살고 있는 이들과의 대화를 통해 자신만의 생각을 정립할 수 있는 사람은 독서로 바보가 될 일이 없다. 자신이 '자유로운 사고의 소유자'라고 믿는 사람은 보나 마나 멍청이다. 100퍼센트 온전히 자유롭게 생각하는 사람은 없다. 어느 정도 자유롭게 생각하는 일은 가능하다. 하지만 '자유롭게' 사고하는 것만으로는 충분치 않다. 똑바로 생각할 수 있어아 한다. 완벽하지 않더라도 노력해야 한다.

3

멍청이는
그릇된 판단을
한다

멍청함은 사유의 영역이다. 사람은 생각하기 때문에 멍청해진다. 이는 여러 가지 다른 근원적 질문에도 적용된다. 칸트도 언급했듯이 인간의 이성은 스스로 답할 수 없는 질문을 던지고는 결국 대답을 얻지 못해 혼란에 빠지고 만다.[1] 근원적 질문이 아니어도 마찬가지다. 생각을 하면 할수록 혼란은 더욱 커진다. 여기에는 철학자들의 잘못도 크다.

멍청한 사람은 스스로 답을 얻고자 공동체와 세상을 등진다. 안됐지만 그러고는 길을 잃고 헤매는 경우가 허다하다. 멍청이는 논리적 사고를 좋아하지만 실제로는 그다지 논리적이지 못하다는 문제가 있다. 코로나19 백신을 맞은 사람 중 대다수는 바보라고 봐도 무방하다. 새로운 백신의 작용 원리나 위험 요인 등을 이해하려는 비판적 사고 없이 정치권이나

의료계가 하는 말에 무조건 복종했기 때문이다. 그러나 일부러 백신을 맞지 않은 사람들 중 상당수는 멍청이로 분류할 수 있다. 어차피 잘 알지도 못하는 과학적 질문을 던지며 허둥대고 있기 때문이다. 백신을 맞은 사람과 맞지 않은 사람의 추이를 보고한 통계 자료를 살펴보면 그래도 바보가 멍청이보다 나은 듯하다.

바보들은 보통 오랜 시간의 시험을 통과해 전승된 꽤 단단한 신념에 기댄다. 그러나 그런 오래된 믿음 중에도 오늘날 관점에서 보면 완전히 터무니없지만 놀랍도록 끈질기게 살아남아 전해진 경우가 많다. 지구중심설(또는 천동설-옮긴이)이 그 좋은 예다. 반면 멍청이들은 언제나 새로운 세계로 모험을 떠나고는 한다.

그리스어 'idiotes'는 원래 '사적인 사람'을 뜻하는 단어로 '개인적인, 공공의 것이 아닌, 공유되지 않은'이라는 뜻의 형용사 'idios'에서 파생되었다. 생각하는 사람은 공동체에서 떨어져 나오게 된다. 그러므로 멍청함은 기본적으로 비판적 사고와 관련이 있다. 내가 생각하는 멍청함은 좀 더 한정적이고 구체적인 개념이다. 멍청이는 다른 사람과 공유하는 세계에서 빠져나와 혼자만의 세계를 떠돈다. 더 정확히 말하면, 자기 생각에 스스로 걸려 넘어지면서 멍청이가 되고 만다.

이례적이긴 하지만 가끔은 똑똑한 사람이 말도 안 되게 멍청한 짓을 하기도 한다. 스티브 잡스(Steve Jobs)가 그 대표 사례다. 잡스가 누구보다 총명하고 지적인 사람이라는 데는 이견이 없을 것이다. 2003년 그는 췌장암 진단을 받았고 의사들은 수술로 종양을 제거할 수 있다고 확신했다.[2] 그러나 잡스는 틀을 벗어나 새로운 사고를 하는 사람이었다. 직업적으로 큰 성공을 안겨준 능력이지만 병마와 싸우는 상황에서는 이로 인해 비참하리만큼 큰 실패를 맛보았다. 병을 치료할 유일한 방법이 있었는데도 잡스는 수술을 거부하고 의학적으로 검증된 약을 복용하는 대신 여러 종류의 대체 요법을 시도했다. 그렇게 시간을 보낸 후 잡스는 다시 검사를 받았고, 대체 요법 때문에 오히려 암이 더 넓게 퍼졌다는 사실을 깨달았다. 이 시점에서는 그도 마음을 바꾸어 수술을 받으려 했지만 이미 늦었다. 종양 제거 수술을 할 수 있는 골든타임을 놓친 것이다. 잡스가 아무리 자기 분야에서 가장 뛰어난 사고를 하는 사람이었다고 해도 이 판단은 멍청하다고밖에는 달리 볼 수 없다.

멍청한 사람이라고 해서 지능이 낮다는 뜻이 아니다. 내 경험에 비추어 보면 오히려 반대로 이들은 평균보다 똑똑한 편이며 이로 인해 자신감이 지나쳐 길을 잃고 방황한다. 사실 평균보다 아주 조금 더 똑똑할 뿐이지만 멍청이들은 자신이 실제보다 훨씬 더 뛰어나다고 믿고 산다. 거기서 그치지 않고 자기가 똑똑하기 때문에 스스로 합리적인 사고를 할 수 있다고 여기다가 오히려 더 실수를 연발한다. 이성적으로 보면 자신들이 일반적인 기준에서 동떨어진 판단을 내린다는 사실을 선혀 받아들이지 않는디. 멍청이들이 저지르는 최대 실수라고 볼 수 있다. 남에게 의존하지 않고 스스로 생각하려다 보니 다른 사

람과 소통하지 않아도 스스로 온전히 올바른 판단을
내릴 수 있다고 믿는다.

스스로 생각하되 다른 사람과 함께 하기

바보를 구제할 방법은 없다. 바보는 남들이 정한 생
각에 종속된다는 특징이 있다. 칸트는 다음과 같이
말했다.

> 지혜는 아주 조금이라도 누가 줄 수 있는 것이 아
> 니다. 반드시 나 자신으로부터 끌어내야 한다.[3]

바보의 문제점은 스스로 생각하지 않는 것이다.
그러니 더는 바보로 있지 않으려면 다른 누구도 아
닌 바보 스스로 생각을 해서 바보인 상태에서 빠져
나와야 한다. 물론 비판적 사고가 필요하다고 옆에
서 조언할 수는 있겠지만 비판적 사고는 남이 해주

면 더는 비판적 사고가 아니다. 당연히 다른 사람의 의견을 참고할 수 있고 또 그래야 하지만, 타인이 대신 비판적으로 생각해 줄 수는 없다. 지혜를 얻고 싶다면 자신의 한정된 관점에서 한발 물러나 다른 사람의 입장에서 생각할 줄 알아야 하며, 이는 타인과의 대화를 통해 가능하다. 칸트는 보통의 인간 이성에는 세 가지 준칙이 있다고 말한다.

1. 스스로 생각하라.
2. 다른 모든 사람의 입장에서 생각하라.
3. 언제나 자기 자신과 일치하도록 생각하라.
첫 번째는 편견 없는 생각에 관한 준칙이고 두 번째는 개방적 사고에 관한 준칙이며 세 번째는 일관성에 대한 준칙이다.[4]

칸트의 말을 다시 풀어보면 이러하다. 올바르게 생각하려면 우선 비판적으로 생각해야 하고 다른 의견을 가진 사람과도 소통해야 하며, 일관되게 생각하고 행동해야 한다. 비판적으로 사고하지 않는다면 말 그대로 비판 의식이 없고 생각도 없는 사람이다. 그러나 스스로 생각하는 것만으로는 부족하다. 나와는 생각이 다른 타인과 부딪혀 보는 경험이 필요하다. 그런 다음 자신의 생각과 타인의 생각을 더 높은 차원의 통합된 개념으로 끌어올리도록 노력해야 한다.

이는 신념에 대한 자기 책임을 의미한다. 신념과 판단은 오로지 나의 몫이다. 꼭 남들과 달라야 한다는 말이 아니다. 대다수 사람들과 우연히 의견이 같을 수는 있다. 그러나 그 의견에 도달하게 된 과정이 중요하다. 권위 있는 누군가의 말을 그대로 받아들였을 뿐인지, 아니면 스스로 노력을 기울여 자신만의 신념을 획득했는지가 중요하다. 인간은 누구나 태생적으로 수동적이고 모방하길 좋아하며 주변 환경을 그대로 답습한다. 자라면서 삶의 발판을 마련해야 하는 시기에는 다른 사람들에게 기본적인 사항을 배울 수밖에 없다. 그러나 궁극적으로는 생각과 행동을 스스로 제어할 수 있어야 한다. 자신에게 주어진 환경에서 스스로 생각하면서 독자적으로 방향을 잡는 법을 터득해야 한다. 혼자 힘으로는 하기 어려운 일이다.

칸트의 두 번째 준칙은 머리로만 조용히 할 수 있는 게 아니다. 다른 사람들과 실제로 대화를 나눠야 가능하다. 칸트는 《실용적 관점에서 본 인간학》(1798)에서 이 세 가지 준칙을 설명하며 두 번째 준칙을 '(다른 사람과 대화할 때) 상대방의 입장에서 생각하기'에 관한 것이라고 명확히 규정한다.[5] X 또는 Y가 옳다고 말하는 것만으로는 충분치 않다. 그렇게 생각하는 이유를 스스로에게 물을 수 있어야 한다. 타당한 이유가 있는가? 이는 혼자 생각해서 결정할 수 있는 문제가 아니다. 판단 기준으로 삼을 만한 다른 의견이 필요하다. 표현의 자유는 자신의 확신을 떠벌리라고 있는 게 아니다. 물론 그것도 표현의 자유 덕분에 가능한 일이긴 하지만, 그보다는 다른 사람이 내게 반대 의견을 낼 수 있다는 사실이 중요하다. 당연히 나도 남들과 다른 의견을 가질 수 있다.

생각을 한다는 것은 안전하기 그지없는 모방의 항구를 떠나 망망대해를 항해하는 일이다. 그러나 옆에 아무도 없다면 스스로 방향을 잡는 법을 알 수가 없다. 칸트의 말을 빌리면 멍청이들은 '논리적 이기주의자'다.

> 논리적 이기주의자는 기준 따위 전혀 필요 없다는 듯 굴며 타인의 지식으로 자신의 판단을 검증할 필요가 없다고 생각한다(*criterium Veritatis externum*).[6]

어떤 판단이 타당성을 지니려면 그것이 내게만 타당해서는 안 되며 다른 사람들도 인정할 수 있어야 한다. 한 사람에게만 옳은 진리는 '진리'가 아니다. 자기만의 의견을 가질 수는 있지만 자기만의 진리란 존재하지 않는다. 칸트의 말대로 "나 자신의 관점을 바로잡기 위해서는 타인의 눈이 필요하다."[7]

　논리적 이기주의자들도 어느 정도 서로 모여 집단을 이룰 수는 있겠지만 논리적 이기주의를 완전히 극복할 수는 없다. 이를 위해 꼭 필요한 요소, 즉 타인의 관점에 비추어 자신의 인식을 다듬고자 하는 의지와 능력이 결여되어 있기 때문이다. 이들은 오직 자신과 의견이 같은 사람의 통찰력과 식견만 인정한다. '내 생각은 다양한 관점 중 하나일 뿐'이라는 사실을 받아들여야 논리적 이기주의에서 빠져나올 수 있다. 칸트는 다음과 같이 기술한다.

> 이기주의의 반대는 다원주의일 수밖에 없다. 자신을 세상의 전부가 아니라 세계 시민의 일부로 여기고 그에 따라 행동하는 것을 의미한다.[8]

　이기주의를 극복하려면 자기 자신은 물론이고 자신이 가진 지식까지 인류 전체를 아우르는 맥락에 놓고 보아야 한다. 칸트는 '학문의 이기주의자(egoist of science)'라는 개념에 대해서도 저술했는데 이를 '키클롭스(그리스 신화 속 외눈박이 거인-옮긴이)’에 빗대어 표현한다.[9] 모든 것을 자신의 학문적 관점에서만 생각하고 다른 사람의 관점은 무시해 버려 결국 지식을 더 넓은 인류의 차원으로 끌어올리지 못하는 사람을 의미한다. 단지 지식을 쌓는 것만으로 만족해서는 안 된다. 타인과 상호작용할 수 있는 인간으로 성장해야 한다. 키클롭스는 대부분 단순화와 축소하기를 좋아하며 문장을 ‘~일 뿐이다’로 끝낼 때가 많다. 대화 속 모든 주제에 대해 ‘이 현상은 ~일 뿐이다’라면서 문제를 그 시점 자신의 관심 분야에 한정해 일축한다.

예를 들어 생물학자인 키클롭스가 있다면 인간 세계에서 일어나는 모든 현상은 근본적으로 ‘종족 번식의 문제일 뿐’이라고 말할 가능성이 높다. 서로 다른 성별을 가진 사람들이 사랑에 빠지는 현상은 남성과 여성이 앞으로 낳을 자식의 유전자에 대한 공동의 관심일 뿐이다. 다시 말해 사랑은 유전자를 퍼뜨리기 위해 쏟는 투자를 보호하기 위한 장치다. 그

외 다른 모든 사랑, 예를 들면 동성애나 유전자를 공유하지 않는 어린아이를 향한 사랑, 성적인 관계가 없는 사랑 같은 것은 전부 세상에서 사라질 현상이라고 여긴다. 그렇다면 몇 날 며칠 밤을 새우며 아픈 아이를 보살피는 엄마의 행동은 어떻게 설명할 수 있을까? 이런 헌신을 유전자에 투입한 투자를 지키려는 행동이라고만 볼 수 있을까? 누군가의 어머니라면 필시 이 말을 부인하며 자신의 행동은 아이를 사랑하는 마음에서 나온 것이지 유전자를 지키려는 목적이 아니라고 주장할 것이다. 그러면 생물학자 키클롭스는 '그건 당신의 생각일 뿐이고 사실은 그렇게 믿도록 유전자가 수를 써둔 것이다. 유전자는 번식을 원하기 때문에 그 같은 행동을 했을 뿐'이라고 반박할 게 분명하다. 키클롭스는 언제니 모든 일을 '~일 뿐'이라고 단순하게 축소하기 때문에 현상을 제대로 이해할 수 없다.

논쟁의 반대 진영에도 키클롭스는 존재한다. 유전자는 '사회적 구성물일 뿐'이라고 주장하는 식이다.

여기서 급진적 사회 구성주의자 키클롭스 역시 간과하는 것이 있다. 비록 어떤 현상을 가리키는 용어는 사회적으로 구성된 인위적 결과물이라고 해도, 그 용어가 의미하는 특성까지 모두 사회적 구성물은 아니다. 예를 들어 '원자'와 '핵분열 과정'이라는 단어는 인위적으로 만든 용어지만 그렇다고 원자가 쪼개지며 에너지를 방출한다는 특성 자체를 인간이 창조한 것은 아니다. '세포'나 '암' 같은 용어도 인간이 만든 말이지만 실제로 암세포가 어떻게 움직여 인간의 목숨을 빼앗는지 그 기전까지 인간의 창조물은 아니다. '유전자'라는 용어는 인위적 구성물일지 몰라도 유전 정보가 주변 환경과 상호 작용하며 생물학적 특징을 형성한다는 사실은 그렇지 않다. 인간이 발견한 사실일 뿐 창조해 낸 개념은 아니다. 유전자에 중점을 두고 인간을 탐구하는 관점이나 유전자를 사회적 구성물로 보는 접근 방식 자체를 부정하는 것이 아니다. 둘 다 생각에 전환을 불러일으키는 관점이며 이 중 무엇을 택해도 좋다. 그러나 과학 철학자

칼 구스타프 헴펠(Carl Gustav Hempel, 1905-1997)의 예리한 지적대로, 현상을 설명(explain)하는 일은 대충 얼버무려 넘어갈 수 있는(explain away) 문제가 아니다.[10]

자기 세계에 과하게 도취하면 무언가를 판단하고 진리를 탐구할 때 다른 사람의 생각을 고려할 필요를 느끼지 못한다. 칸트 역시 이들의 사고방식이 옳지 않다며 비난받아 마땅하다고 했다.

다른 사람과 소통하지 못하고, 심지어 소통하고자 하는 의지도 없이 혼자만의 판단으로 세상을 대한다면 이는 논리적 이기주의로 볼 수 있다. 논리적 이기주의는 잘못된 자기 충족이다. 진정한 이해가 아닌 추정일 뿐이며 단독으로 존재하므로 말하자면 고립된 지식이다. 논리적 이기주의지는 자기가 아는 게 전부라고 생각하며 자신의 판단에는 오류도 없고 고칠 것도 없다고 믿어 의심치 않는다. 이토록 자만으로 가득 찬 생각은 우스꽝스러울 뿐 아니라 진정한 인간성에 위배되는 일이기도 하다.[11]

논리적 이기주의자는 칸트의 이성적 판단을 위한 세 가지 준칙만으로도 충분하다고 생각한다. 그러나 이들은 다른 사람의 관점에서 생각하지 않는다. 그러므로 두 번째 준칙뿐 아니라 세 번째 준칙도 자동으로 위배한다. 상식적으로 사고할 수 없기 때문이다.

진정한 사고를 하기 위해서는 타인과 생각을 공유해야 한다. 이에 대해 칸트는 다음과 같이 개탄한다.

공동체 안에서 자신의 생각을 다른 사람과 *나누지 않고* 타인의 의견을 공유하지 않는다면 *생각*이라는 게 과연 가능할 것이며, 혹 가능하다 해도 그게 얼마나 정확할 수 있을지![12]

우리가 하는 말이 사실인지 거짓인지는 다른 사람의 인정과는 상관이 없다. 하지만 그것을 사실로 믿는 이유에 대해서는 타인의 검증이 필요하다. 논리적 이기주의자는 혼자만의 판단으로도 충분하다는 착각에 빠져 있다. 자신의 생각을 반박하는 의견은 어떤 것도 받아들이지 못하므로 대개 독단적이다. '오만하고' '편협하다'는 단어로도 설명할 수 있다. 논리적 이기주의자의 여부를 판단하는 결정적 요소는 '남의 말을 들을 수 있는지'다.

소포클레스(Sophocles, c. 기원전 497/6-406/4)의 그리스 비극《안티고네》에서 테바이(Thebes)의 통치자 크레온은 안티고네에게 사형을 선고한다. 그녀가 오빠인 폴리네이케스의 장례를 치러야 한다고 우겼기 때문이다. 크레온은 반역을 저지른 폴리네이케스의 시신을 광야에 버려 비바람을 맞게 하고 짐승의 먹이로 두라고 명령했다. 안티고네는 이에 반대했고 크레온은 그녀를 동굴에 가둬 굶겨 죽이라는 벌을 내렸다. 크레온을 제외한 모든 사람이 이를 찬성하지 않았다. 크레온의 아들이자 안티고네의 약혼자였던 하이몬은 다른 사람들과 논의하지 않고 내린 이 독단적 결정을 거두라고 요청한다. 님의 말을 듣지 않으면 결국 아무것도 없이 혼자 남겨질 거라고 크레온에게 경고한다.

크레온은 아버지를 가르치려 드는 건방진 아들에게 크게 분노하고 당연히 상황은 파국을 맞는다. 크레온은 결국 자신의 멍청함을 깨닫지만 이미 늦었다. 아들과 아내를 죽음으로 내몬 자는 그 누구도 아닌 자기 자신이었다. 안티고네는 죽었고 하이몬은 자살했다. 하이몬의 어머니 에우리디케는 아들의 죽음에 좌절해 같은 길을 걷는다.

멍청함에 너무 쉽게 빠지지 않는 방법은 단 하나다. 남들과 대화해야 한다. 그냥 남들에게 말하는 게 아니라 함께 대화를 나누어야 한다. 그리고 대화의 상대가 당신의 복사판 같은 사람이 아니어야 한다. 만약 대화를 나누는 상대도 똑같이 멍청하다면 어떻게 해야 할까? 이런 일이 벌어질 가능성을 배제하기 어렵다. 이 경우 각자 상대의 멍청함을 바로잡아줄 수 있기를 바랄 수밖에 없다. 서로 공감할 수 있는 주제에 대해 대화를 이어 나가야 하며 자기만의 세상에 몰두해 일방적으로 이야기해서는 안 된다.

감정과 자기도취

멍청이들이 자주 저지르는 실수가 있다. 생각과 느낌을 혼동하는 것이다. 프랑수아 드 라로슈푸코(François de La Rochefoucauld, 1613-1680)라는 작가는 다음과 같이 말했다.

바보와 멍청한 사람들은 자기 성질대로만 세상을 본다.[14]

그렇다면 요즘 사회적 논쟁에서는 바보와 단순 무

지한 사람들이 기준점이 되어버렸다고 할 수 있겠다.

현대 사회는 '감정주의'의 시대가 아닌가 싶다. 이성이 아닌 감정으로 다스리는 세상이다. 신문과 학술지 그리고 책에서도 '~한 느낌이다'라는 구절이 얼마나 등장하는지 살펴보면 지난 몇십 년간 폭발적으로 빈도가 증가했다. '화'나 '분노' 같은 단어들도 마찬가지로 크게 늘었다. 사람들은 예전보다 감정을 훨씬 더 많이, 적나라하게 표현한다. 이 사실 자체는 전혀 문제되지 않지만, 감정을 표현하고서는 자신이 쟁점에 대해 중대한 주장을 펼쳤다고 착각하기 일쑤다. 예를 들면 멍청이들은 '화내는 행동'과 '화낼 만한 이유가 있는 상황'을 헷갈린다. 단지 화가 났다고 해서 화낼 만한 이유가 있다는 뜻은 아니다. 화는 단지 어떤 일이나 사람에 대한 반응일 뿐이며 이 반응이 합당한지 아닌지는 완전히 다른 문제다. 다른 여느 감정과 마찬가지로 화를 잘 다스릴 수도 있고 잘못 처리할 수도 있다. 화가 났다는 사실 자체로는 어떤 것도 정당화하거나 설명할 수 없다. 소설가 마거

릿 애트우드(Margaret Atwood, 1939-)의 글에 이런 구절
이 나온다.

> 감정은 실제로 존재한다. 누구나 감정을 가지며
> 나 역시 이를 직접 목도한다. 그리고 감정은 모든
> 행동을 그럴듯하게 설명한다. 하지만 감정으로 핑
> 계를 대거나 어떤 일을 정당화해서는 안 된다. 그
> 렇지 않다면 어느 날 그냥 짜증이 나서 아내를 죽
> 인 남자가 벌을 받을 일은 없을 테니 말이다.[15]

물론 감정 표현 자체가 잘못된 일은 아니지만 자
기 감정을 표출하는 것으로 모든 일을 정당화할 수
있다고 믿는다면 큰 문제다. 감정은 내면에서 일어
나는 상태에 대한 보고서 같은 존재에 불과하다. 감
정을 표현한다고 해서 자신의 마음 상태에 따라 다
른 사람들이 사안을 대하는 방식이 달라질 이유는
없다. 그러나 멍청이들은 자기 마음 상태를 말하
면 그것으로 충분하다고 믿는다. 헤겔(Georg Wilhelm

Friedrich Hegel, 1770-1831)은 이를 정확히 지적한다.

마치 내 안에 내린 신의 계시라도 되듯 감정에 호
소하고 나면, 이에 반하는 사람은 상식이라는 명
목 아래 누구도 받아들이지 않는다. 이 감정의 상
식이라는 것은 똑같은 내적 신호와 느낌을 갖지
않은 사람에게는 아무런 설명도 해주지 않는다.
간단히 말하면 상식이 인간성의 뿌리를 짓밟는다
는 뜻이다. 감정에 휘둘리는 상태에 머물며 감정
을 통해서만 스스로를 드러낼 수 있다면 이는 비
인간적이고 짐승이나 다름없다고 할 수 있다.[16]

멍청이들이 감정을 갖는다는 사실은 문제가 되지
않는다. 그러나 모든 일에서 감정이면 충분하다고
여기는 점은 큰일이다. 요즘 '속에 있는 말하기', '마
음 열기', '진심으로 하는 말' 같은 것들이 중요해지
다 보니 논리적으로 일관된 주장이나 정확한 표현,
객관적인 근거보다 이쪽에 더 무게가 실리는 상황이

자주 발생한다. 1인칭 단수형은 공적 논쟁에 있어 암 같은 존재다. 누가 어떤 감정을 느끼는지에 대한 '보고서'에 잠식당하는 논쟁은 곧바로 멍청이들이 모임으로 전락한다.

물론 1인칭 단수형 '나'를 써야 하는 상황도 있다. 그러나 프랜시스 베이컨(Francis Bacon, 1561-1626)은《대혁신(Instauratio Magna)》서문에, 자신에 대해서는 함구할 것이며 이 책이 그저 개인의 의견 표출에 그치지 않기를 바란다고 썼다. 또한 특정 계층의 이익을 대변하는 글이 되지 않고 일반적인 시각에서 타당한 책을 쓰고자 한다고 말했다.[17] 더 많은 사람들이 베이컨처럼 생각한다면 세상은 한 발 더 앞으로 나아갈 수 있을 것이다.

'나'라는 말을 사용하는 것 자체는 문제가 아니지만, 이 단어는 무언가를 정당화하려고 할 때 자주 등장한다. 그러나 '나'라는 단어보는 아무것도 정당화할 수 없다. 논쟁에서 자기 목소리를 내는 일은 쟁점에 또 다른 관점을 더할 수 있다는 점에서는 의미가 있다. 그러나 논쟁은 자기 이야기를 늘어놓는 시간이 아니다. 어떤 주장이 중요할 수는 있지만 누가 그 주장을 하는지는 그리 중요치 않다. 논쟁에서 자신에 대해 말할 때는, 논쟁의 주제에 대한 자기 의견을 표출하는 형태여야 한다. '어떤 것에 대해 무엇이라고 믿는다'고 말할 때, '무엇'은 단지 자기 내면에 존재하는 세계에 대한 이야기에 그쳐서는 안 된다.

물론 말하는 사람의 주관적 의견일 뿐이라도 주장 자체가 사실일 수는 있다. 그러나 이럴 경우 주장을 사실이라고 믿을 근거가 턱없이 부족하다. 대체로 1인칭 주어가 많은 글일수록 자기 자신에 대한 내용 외에 다른 유용한 정보는 없을 가능성이 크다. 글쓴이 자신 말고 이런 글에 관심을 가질 사람이 과연 있을까? 아마 가까운 친구들이나 가족은 좋아할지도 모르겠다. 1인칭 주어는 논쟁이 앞으로 나아가는 데 도움보다는 방해가 될 때가 많다.

그렇다면 1인칭 주어는 언제 필요할까? 특정 주장을 펼친 뒤 그것이 중립적 관점에서 나온 객관적 보고 사항이 아니라, 화자 자신의 주관적 관점이라는 점을 강조해야 할 때 사용하면 적절하다. 지금 진행 중인 논의의 기반이 되는 근거를 상대방뿐 아니라 자신에게도 명확하게 해야 더욱 투명한 경기를 펼칠 수 있다. 이처럼 '나'라는 1인칭 주어가 필요할 때가 있지만 주장에 무게를 싣기 위해 사용하면 안 되고, 쟁점을 둘러싼 여러 관점 중 하나로 개인적 의견을 제시하고 있다는 점을 표현할 때 사용하면 효과적이다.

논리적이기만 하면 될까?

칸트가 말한 '확장적' 사고, 즉 다른 사람들과 대화하며 생각을 펼치는 일이 안 되면 형식 논리 규치을 철저히 따른다고 해도 뭐가 크게 나아지지는 않는다. 철학자들은 대부분 논리를 신봉한다. 일례로 존 스튜어트 밀은 전통적 형식 논리를 따름으로써 불분명하고 혼란스러운 생각을 퇴치할 수 있으며 인간의 무지를 덮어 알지도 못하는 일을 옳다고 믿게 만드는 사고의 안개를 걷어낼 수 있다고 말했다.[18] 철학 논리는 그 자체로 우둔함과 멍청함의 치료제가 될 수 있다고 여겨지기도 한다.

논리적 사고는 여러 면에서 유용하다. 우리에게 잘 알려진 노르웨이 출신 지식인 야네 홀란 마틀라리(Janne Haaland Matlary) 역시 공적 담론에 참여하려면 형식 논리의 기본이라도 갖추어야 한다고 주장했지만,[19] 사실 필요 없는 일이다. 여기서 웃기는 점이 하나 있다. 마틀라리 역시 글을 쓸 때 형식 논리의 기본을 지키지 못하고 실수하는 일이 있는데, 그렇다면 마틀라리도 공적 담론에 참여하지 못하도록 막아야 할까?[20] 형식 논리학 정복이 공적 담론에 참여하기 위한 필수 조건이라면 사회적 담론에 자주 등장하는 이 지식인 역시 자격이 없다고 볼 수 있다. 그러나 마틀라리는 사회적 논쟁에 중요한 관점을 더하는 사람이며, 내가 평소 마틀라리의 의견을 어떻게 여기는지와는 별개로 이런 생각에는 반대한다. 형식 논리에 능통해야 한다는 조건 자체가 틀렸다고 생각한다.[21] 합리적 이성이 설 자리를 잃는 상황, 사람들이 바보 같은 생각을 하고 멍청한 신념을 주장하는 그런 상황에서 형식 논리를 잘 다루는지 아닌지는 별로 중요하지 않다. 백신 회의론이며 5G 음모론, '도둑맞은' 선거 어쩌고 하는 주장으로 뒤범벅된 채 소셜 미디어에서 설쳐대던 세상 제일의 멍청이들이 어느 날 갑자기 형식 논리학의 대가가 된다고 한들, 갑자기 진정한 통찰과 식견을 무궁무진 쏟아내는 보물 상자로 변신할 리는 만무하지 않은가.

온갖 논리학 법칙을 다 꿰고 있어도 자기 비판적이지는 못한 사람이 있고 정보의 출처를 비판적으로 선택하지 못하거나 올바른 판단을 내리지 못하기도 한다. 물론 논리는 중요하다. 논리에 허점이 있으면 추론에도 오류가 생긴다. 하지만 운이 좋으면 근거가 전혀 논리적이지 않은데도 올바른 결론에 도달하기도 한다. 요점을 말하자면, 지식을 얻는 과정에서 논리 자체가 엄청난 역할을 하지는 않으며 논리 외에도 중요한 요소가 훨씬 많다. 논리적으로 버벅거리지 않더라도 일을 망칠 방법이야 많다. 논리적으로 아무리 완벽해도 전제 자체가 미흡하면 그에 기초한 추론 역시 틀릴 수밖에 없다. 논리적으로 타당한 논증은 진리보존적이다. 전제가 참이면 반드시 결론도 참이라는 뜻이다. 논리적으로 타당하면서 전제도 참이라면 건실한 논증이라고 할 수 있다. 반대로 전제가 멍청하면 추론 역시 언제나 멍청하고 어리석을 수밖에 없다.

확증 편향

다른 일도 마찬가지지만 특히 확증 편향에 대응하려면 타인의 의견을 경청해야 한다. 누구나 확증 편향을 어느 정도는 갖고 있으며 이 때문에 길을 잃고 헤맬 때가 많다. 그런데 확증 편향이 유독 거침없이 발휘되는 부류가 있는데 예를 들면 특히 음모론자들이다. 음모론자를 음모론자라고 하면 싫어하니 비슷한 표현을 찾아보자면 '확증 얼뜨기' 정도가 적당하다. 이들은 확증 편향이 지나친 데다 근거를 판단하는 능력이 부족해 스스로 우스운 꼴이 될 때가 많다.

확증 편향은 철학사에서 오랫동안 논의되어 온 인지 편향이다. 프랜시스 베이컨 역시 이렇게 저술했다.

인간 지성의 고유하고도 고질적인 오류로, 자신에게 부정적인 것보다는 유리한 정보에 대해 더 크게 반응하고 흥분하는 현상이다.[22]

베이컨은 자신의 논리가 견고한지 알고 싶다면 이를 반박하는 주장을 들여다보는 것이 기장 좋은 판단의 근거라고도 말했다. 칼 포퍼(Karl Popper, 1902-1994, 오스트리아 출신 영국의 과학 철학자-옮긴이)의 과학 이론을 미리 내다보기라도 한 듯하다. 노르웨이 출신 저널리스트이자 작가인 마르테 미켈레(Marte Michelet)는 한 인터뷰에서 "책이 출판되기 전에 내가 옳다는 증거를 최대한 많이 찾아두는 것이 중요하다"고 했는데, 이로 미루어 책 내용도 얼마나 편향적일지 알 것 같다.[23] 가설이 있다면 당연히 그 가설을 뒷받침할 근거를 찾아야 하지만, 그만큼 반증 가능성 역시 적극적으로 살펴봐야 한다. 그 과정에서 처음에 예상했던 바와 결과가 달라지더라도 더 정확한 방향으로 나아갈 수 있는 중요한 부분을 놓치지 않을 수 있다.

확증 편향이 활개치도록 내버려두면 쉽게 세뇌를 당할 수도 있다. 예를 들어 러시아 트롤 부대(러시아 정부가 소셜 미디어에서 여론을 조작하기 위해 운영하는 선동 집단-옮긴이)에서 소셜 미디어 캠페인을 벌인다고 치자. 확증 편향을 바로잡지 않으면 이 상황에서 그냥 멍청이도 아니고 매우 유용한 멍청이로 이용당할 수 있다. 그 전에 이미 갖고 있던 선입견에 들어맞는 게시물이 올라오면 출처를 전혀 의심하지 않고 그대로 받아들이기 때문이다. 소셜 미디어는 보는 사람이 '싫어하는' 내용보다는 '좋아하는' 정보 위주로 노출하도록 알고리즘이 짜여 있기 때문에 확증 편향이 날개 단 듯 뻗어 나가기 쉬운 구조다. 물론 소셜 미디어를 휘젓고 다니다 보면 반대 의견을 가진 사람들도 많이 마주치겠지만 그보다는 편향적 게시물에 훨씬 더 자주 노출된다.

이미 갖고 있던 생각에 들어맞는 확증을 찾는 것만큼 쉬운 일도 없다. 피클이 수막염을 일으키는지 알아보고 싶은 사람이라면 우선 피클을 먹은 후에 수막염으로 입원한 케이스를 모두 찾아볼 것이다. 뻔한 백신 거부자들과 비슷한 사고방식을 가졌다면 여기서 피클을 먹고도 수막염에 걸리지 않거나 피클을 안 먹었는데도 수막염에 걸린 경우는 모두 무시해 버린다. 오직 피클을 먹고 수막염에 걸린 사례만 중요한 정보다. 자기 생각을 뒷받침해 줄 확증에만 관심이 있다. 확증의 수가 많을수록 자연스레 '분명 무슨 관계가 있는 거야!'라는 생각이 들고 확신도 커진다.

하지만 확증의 수로 확인할 수 있는 사실은 아무

것도 없다. 확증 편향은 다른 오류가 더해져 더욱 강화되는 경향이 있다. 상관관계를 인과관계로 착각하는 경우가 그 좋은 사례다. 서로 다른 현상 사이에는 다양한 상관관계가 있을 수 있다. 한쪽이 증가하거나 감소하면 그에 따라 다른 현상에도 증가하거나 감소하는 패턴이 일어나는 식이다. 이때 많은 사람들이 상관관계를 제치고 인과관계로 넘어간다. 여러 현상이 동시에 일어나는 걸 보고 한쪽이 다른 일의 원인이라고 믿는 것이다.

이럴 때 신중해야 한다. 예를 들어보자. 미국인이 먹는 치즈의 양과 침대 시트에 엉켜 사망한 미국인 수 사이에는 커다란 상관관계가 있다. 그러나 특정 부류의 사람들이 다른 사람보다 치즈를 많이 먹는다고 해서 그게 침대 시트에 말려 질식사하는 원인은 아니다. 아이크림 소비량과 햇볕에 타 화상을 입을 확률 사이에도 분명 상관관계가 있지만 그렇다고 아이스크림 때문에 햇볕에 탔다고 할 수는 없다.

1927년에서 1948년 사이 노르웨이에서 심장 질

환으로 사망한 사람의 수를 살펴보자. 1927년부터 나치가 노르웨이를 점령할 때까지 이 숫자는 꾸준히 올라가다 갑자기 곤두박질친다. 이로 미루어 나치주의가 심장에 좋다고 볼 수 있을까? 당연히 아니다. 나치 점령 이후 노르웨이 사람들은 지방을 거의 섭취하지 못했다. 이런 고지방 음식은 대부분 독일군에게 지급되었고 일반인들은 저지방의 채소 위주로 겨우 끼니를 때울 수밖에 없었다. 상관관계와 인과관계를 혼동하지 말아야 한다. 적어도 상관관계가 있다고 해서 그것만으로 주장에 확신을 가져서는 안 된다. 그리고 항상 확증만큼 반대의 근거도 찾아봐야만 한다.

멍청함을 고치려면 자기주장을 버려야 한다는 말이 아니다. 다만 자신의 주장이 틀릴 수 있다는 가능성을 항상 열어두고 자기 비판적 사고를 해야 하며, 자신의 관점에 한계가 있을 수 있음을 인정하라는 뜻이다. 자기 의견과 충돌하는 주장도 진지하게 받아들여야 함은 물론이다. 이런다고 멍청함을 아예 없앨 수는 없겠지만 그나마 조금 덜 멍청해질 수는 있다. 그러지 않고 내면의 멍청이가 자유롭게 날뛰도록 내버려둔다면 필시 바보 멍청이로 전락할 것이다.

4

바보 멍청이는
그릇된 판단을
생각 없이
받아들인다

바보는 스스로 생각하지 않으므로 굳이 특별한 사람으로 보이고 싶어 하지도 않는다. 이들은 다른 사람들이 하는 말을 주워듣고 별 생각 없이 자기 의견으로 수용한다. 반면 멍청이들은 잘 안 되더라도 스스로 생각하려고 하기 때문에 자신이 특별하다고 확신한다. 멍청이는 사고의 세계에 발을 들여보려는 시도라도 하지만, 바보이자 멍청이인 사람들은 처음부터 자기만의 결론을 이미 갖고 있다. 바보 멍청이는 자신이 얼마나 무지한지 모르는 데다가 고집은 또 어찌나 센지, 자기가 헤아릴 수 없이 깊은 통찰력을 지녔다고 끝없이 착각한다.

바보 멍청이는 미묘한 차이나 뉘앙스 같은 것을 질색하며 회피한다. 어떤 사안이나 근거가 상충되거나 모호할 수 있다는 사실을 받아들이지 못하고 완전히 확실한 것만 찾는다. 현명한 사람들은 오히려 무언가 지나치게 딱 떨어지는 듯하면 의심을 해본다. 조금만 깊이 들여다보면 세상 모든 일이 복잡하게 얽혀 있다는 것을 알기 때문이다. 그러나 바보 멍청이에게는 단순 명확한 대답만 의미가 있다. 의심한다고 해서 늘 똑똑한 건 아니지만 절대적 확신에 차 있는 태도는 확실히 현명함과는 거리가 멀다. 버트런드 러셀은 1933년 독일에서 나치주의가 부상하는 현상에 대해 설명하며 이렇게 말했다.

현대 사회에서 바보들은 늘 확신에 차 있고 지성인들은 의심만 한다. 이것이 문제의 근본적인 원인이다.[1]

멍청이들은 걸핏하면 실수를 저지르지만 스스로 실수를 깨닫고 인정한다면 더는 멍청이가 아니다. 그러나 자기 잘못을 아무 생각 없이 넘어가고 계속 반복한다면 그것이 이해력 부족에서 기인하든 자존

    4. 바보 멍청이는 그릇된 판단을 생각 없이 받아들인다

심이나 그 밖의 다른 요인 때문이든 바보 멍청이가 된다. 남들이 이미 알고 있는 것 말고 새로운 무언가를 배우고자 한다면 우선 실수를 인정하는 태도가 꼭 필요하다. 물리학자 닐스 보어(Niels Bohr, 1885-1962)가 했다고 자주 인용되는 말이 있다. "전문가는 한정된 분야에서 있을 수 있는 모든 실수를 전부 겪어본 사람이다." 전문가는 자기 실수를 인정함으로써 그것을 극복하고 전문가로 거듭난다. 반면에 바보 멍청이는 결코 실수를 인정하지 않는다. 다른 사람뿐 아니라 스스로에게도 자신의 결점을 숨기려고만 할 뿐이다.

미국 철학자 대니얼 데닛(Daniel Dennett, 1942-2024)의 말처럼 우리는 실수를 인정할 때에야 비로소 진정한 깨달음의 문턱에 설 수 있다.[2] 이때 그저 실수를 인정하는 것만으로는 안 된다. 그 실수를 면밀히 들여다보며 어느 부분이 어떻게 잘못됐는지 세세히 따져야 한다. 실수를 맛만 보고 뱉은 다음 잊어버릴 게 아니라 맛있는 음식을 먹듯 천천히 곱씹어야 한다. 그 실수에서 얻을 수 있는 것을 모두 짜내고 나면 다시 잊어버리지 않도록 '실수 목록'에 잘 정리해둔 다음 또 새로운 실수를 향해 나아가라. 다른 사람에게도 교훈이 될 실수라면 크게 떠벌려도 좋다. 지식을 얻고자 한다면 실수는 일어날 수밖에 없으므로 이왕 실수를 했다면 생산적으로 활용하는 편이 훨씬 낫다. 존 스튜어트 밀에 따르면 표현의 자유에 관한 논쟁에서 핵심은 누구나 자기가 저지른 실수에 대해 말할 수 있어야 한다는 점이다. 실수를 솔직히 털어놓을 수 있어야 남들이 잘못을 지적하고 고쳐줄 수 있을 뿐 아니라 주변 사람들도 타산지석으로 삼아 교훈을 얻을 수 있다. 살면서 좀 잘못된 결정을 내려도 괜찮다. 당사자뿐 아니라 주변 사람들도 거기서 얻는 게 있기 때문이다.

어떤 면에서는 바보, 멍청이 아니면 둘 다 합친 바보 멍청이인데 다른 분야에서는 똑똑한 사람일 수 있다. 그러나 어딘가에서 바보 멍청이인 사람은 보통 다른 분야에서도 비슷한 경우가 많다. 바보 멍청이는 그냥 바보나 멍청하기만 한 사람보다 자기 신념에 대한 확신이 훨씬 과하고 맹목적이기 때문이다.

자신이 대부분의 사람보다 뛰어나다고 생각한다면 바보 멍청이일 가능성이 크다. 물론 항상 그렇지는 않다. 그런 사람들 중에 실제로 남들보다 똑똑한 사람도 있다. 하지만 남보다 뛰어나다고 자화자찬하는 사람들이 실제로는 전혀 그렇지 않을 때가 많으므로 대부분 이 부류에 해당할 가능성이 크다. 우리는 흔히 자신을 과대평가한다. 대부분의 사람들은 자기가 그저 '대부분'의 사람들 중 한 명이라는 사실을 모른다. 바보 멍청이들은 스스로 엄청나게 뛰어나다고 믿어 의심치 않으며 심지어 비판적 사고를 하는 존재라고 착각한다. 이들은 단순한 멍청이에서 바보 멍청이로 전락하는 과정에서 결정적인 한 가지를 잃어버리고도 그 사실 자체를 인식조차 못하는 사람들이다. 바로 자기비판 능력이다. 자기비판 능력이 없으면 사실 마음은 편하다. 자기만족에 빠질 때도 많다. 이렇게 되면 주변 사람들은 무척 괴롭지만 정작 당사자는 매우 편안하다.

프랑스 철학자 몽테뉴(Montaigne)는 이런 자기만족 이야말로 바보의 특징 중 가장 짜증 나는 면이라고 지적한다.

어리석은 인간에게 제일 짜증 나는 부분은 그 존재 자체가 아니라 도저히 말이 안 될 만큼 본인 스스로는 행복하다는 사실이다. 지혜를 가지면 자신에게 만족할 수 없으며 언제나 두렵고 불만이 많아진다. 참으로 불행한 일이다. 반면 고집 세고 무모한 인간들은 늘 즐겁고 확신에 차 있어 불안이 없다. 남을 깔보고 언제나 전투에서 영광스러운 승리를 거두고 돌아온 양 구는 사람이야말로 사실 가장 어리석은 부류다. 그리고 뭘 잘 모르는 사람들은 이들의 오만한 말투와 기세등등한 표정을 보고 논쟁에서 이긴 쪽이라고 오해한다. 판단력이 없는 데다 누가 진짜 승자인지 알아보는 능력도 없기 때문이다. 극단적 아집이야말로 짐승같은 우둔함의 가장 확실한 증거다. 당나귀만큼 확신에 차 있고 단호하고 오만하며 생각 많고 심각한 존재를 본 적이 있는가?[3]

바보 멍청이는 일말의 의심도 없기 때문에 자신이 남들과 달리 전반적인 상황을 두루 파악하고 제어할 수 있다고 믿는다. 오만함이야말로 바보 멍청이가 되는 지름길이자 왕도다.

바보 멍청이는 마치 두 가지 성분을 섞어 쓰는 이액형 접착제와 비슷하다. 바보와 멍청이가 각자 따로 존재할 때는 그래도 어느 정도 고쳐볼 여지가 있지만 둘이 결합하여 바보 멍청이가 되는 순간 그 어떤 것도 이 둘 사이를 파고들 수가 없다. 닿는 순간 전부 튕겨 나온다. 바보 멍청이들은 자신의 신념이 십계명처럼 돌에 새겨진 절대 진리라도 된 듯 여긴다. 현실에서는 어떤 지식이든 잠정적으로만 참이며 확실한 것은 아무것도 없고 그마저 언제든 바뀔 수 있다. 바보 멍청이와는 논쟁을 해 봤자 전혀 의미가 없다. 저명한 과학 학술지에서 철저히 검증된 사실을 근거로 보여줘도 바보 멍청이들은 유튜브(YouTube) 영상 같은 걸 들고 와서 맞선다. 과학 분야에서 아무런 전문성도 인정받은 적 없는 사람이 만든 영상이 학술지에 실린 연구 결과와 같은 권위를 갖는다고 생각한다. 유튜브 영상이 없으면 터무니없는 임시방편의 가설이라도 억지로 갖다 붙이며 따질 것이다. 여기서 임시방편 가설이란 그전에 내밀었던 다른 가설이 궁지에 몰렸을 때 그걸 방어하려고 또 아무 근거 없이 들이미는 가설이다. 지구가 생긴 지 6000년밖에 안 됐다고 주장하는 근본주의자와 논쟁한다고 치자. 수백만 년 된 돌을 손에 들고 와서 바로 눈앞에 보여준다 한들 근본주의자는 하나님이 그 돌을 실제보다 더 오래된 것처럼 '보이게' 만드셨을 뿐, 실제로는 그렇지 않다고 주장한다. 이런 상황에서 가치 있는 논쟁이 가능할 리 만무하다.

바보 멍청이와의 논쟁이 좋게 끝나는 일은 잘 없다. 바보 멍청이는 스스로 만족할 만큼 인정받기 전까지는 토론을 끝낼 생각이 없는데, 이야기를 계속하다 보면 사람들이 그나마 초반에 베풀던 온정과 인내심이 바닥나기 마련이다. 프리드리히 니체(Friedrich Nietzsche, 1844-1900)는 이런 말을 남겼다.

> 바보와의 싸움이 길어지면 아무리 세상에서 제일 공정하고 신사다운 사람이라도 무자비하게 변한다. 똑바로 자기방어를 하는 중이라는 뜻이리라. 돌대가리 상대로는 제대로 된 논쟁보다는 주먹이 나갈 수밖에 없다.[4]

개인적으로 바보 멍청이한테는 주먹도 먹히질 않아 결국 질 수밖에 없으니 굳이 주먹을 날리지 않는 편이 좋다고 생각한다. 프리드리히 실러(Friedrich Schiller, 1759-1805)는 설사 신이라도 바보와의 싸움은 헛된 일이라고 주장했다. 그러나 실러가 의미하는 바보는 사실 바보 멍청이로 진화한 상태를 의미한다.[5] '정상적' 수준의 바보와 멍청이는 그래도 어느 선까지 이성적 대화가 가능할 수는 있다(반드시 성공하리라는 보장은 당연히 없다). 하지만 바보 멍청이와 붙게 되면 그야말로 방법이 없다. 어떻게 해도 소용없다. 테플론(표면이 미끄러워 다른 물질이 달라붙지 않고 열에 강한 합성수지의 상품명-옮긴이)으로 코팅된 프라이팬 같은 존재들이다. 1944년 히틀러 암살 시도 공범으로 붙잡혀 독일이 항복하기 직전 플로센부르크 강제 수용소에서 사형당한 독일 신학자 디트리히 본회퍼(Dietrich Bonhoeffer, 1906-1945) 역시 감옥에서 작성한 여러 편의 편지와 글에서 어리석음을 해로운 위력이라고 표현하며 이를 극복하기는 거의 불가능하다고 했다.

어리석음에 대항할 방법은 없다. 항변을 해도 소용 없고 무력도 통하지 않는다. 이성은 아무 쓸모가 없다. 자기만의 선입견에 반하는 어떤 사실도 그저 거짓으로 치부할 뿐이다. 어리서은 자들은 사실을 말해도 그저 비판하며 반박하기 바쁜데, 만일 도저히 부정하기 힘든 사실을 마주하면 그냥

별로 중요하지 않은 예외 사항일 뿐이라며 무시해
버린다.[6]

어느 날 갑자기 도널드 트럼프의 열렬한 지지자가
된 친구가 한 명 있다. 그는 거기서 그치지 않고 미국
민주당 지도부가 비밀리에 아동 성범죄 조직을 운영
한다고 믿는 그런 부류의 사람이 되어버렸다. 그전
에는 내가 아는 사람 중 가장 정치에 무관심하던 친
구라 적잖이 놀랐다. 하지만 그보다 더 놀란 것은 그
가 엄청나게 빠른 시간 안에 어떠한 반대 의견도 받
아들이지 못하는 사람이 되었다는 사실이었다. 대화
를 해봐도 아무 소용이 없었다. 친구는 그저 트럼프
가 얼마나 훌륭한 대통령인지 칭찬 일색이었고, 나
는 그의 트럼프 찬양에 가끔 끼어들어 비판의 말을
한마디씩 던질 뿐이었다. 그는 내 말을 전혀 듣지 않
았고 솔직히 말하면 나중에는 나도 그의 말을 귀 기
울여 듣지 않게 되었다. 대화는 망가졌고 말이 통하
지 않았다.

나는 그래도 친구와 의견이라도 주고받아볼 요량으로 서로 역할을 바꿔 대화해보자고 제안했다. 내가 조 바이든이 대통령이 되면 안 되는 이유를 다섯 가지 말하면 친구는 트럼프가 안 되는 이유를 다섯 가지 말하는 식이다. 그러나 친구는 트럼프가 대통령이 되면 안 되는 이유 같은 건 없다며 내 제안을 단칼에 거절했다. 이쯤 되자 나도 대화를 포기했다. 소통의 창구는 완전히 닫혔고 친구는 트럼프를 사이비 종교 교주처럼 떠받들고 있었기 때문이다. 투표로 선출하는 정치인을 향한 정상적인 반응이 아니었다.

바보 멍청이가 가진 또 다른 특징은 한 가지 생각에 꽂혀 병적으로 집착하는 성향을 보인다는 점이다. 광신자는 '마음을 바꾸지도 않고, 그렇다고 화제를 바꾸지도 않는' 사람이라는 말이 있다. 윈스턴 처칠(Winston Churchill, 1874-1965)이 한 말로 흔히 회자되지만 사실 더 오래된 표현일 가능성이 있다. 이런 광신자들 역시 바보 멍청이이며, 당연히 주변 사람들에게 엄청난 짜증을 안긴다.

남들과 생각이 다르다고 해서 자기가 비판적 사고를 한다고 믿는 바보 멍청이들이 많다. 그러나 남들과 반대로 생각하는 것과 비판적 사고는 엄연히 다르다. 단지 누군가의 의견에 반대한다고 해서 합리적 사고를 하고 있다고 볼 수는 없다. 게다가 늘 반대만 하는 사람들은 보통 반대하는 무리에 껴서 그냥 따라할 때가 많다. '주류 언론'을 믿지 않고 출처가 어디인지도 모르는 괴상한 블로그와 웹사이트에서 하는 말을 맹신하면서 스스로 비판적 사고를 한다고 착각하는 것보다 바보 같은 일이 있을까? 바보 멍청이들은 반대와 비판적 사고를 혼동해서 상당히 기본적인 부분을 놓치는 일이 많다. 비판적 사고를 하려면 먼저 자기 자신에 대해서도 비판적으로 생각해야 한다.

잘 알려진 오류 하나가 있다. X가 어리석고 멍청하다면 X가 아닌 것은 어리석지 않고 멍청하지 않다는 생각이다. 이는 전혀 사실이 아니다. 나의 적이 나쁜 사람이라는 점이 내가 좋은 사람임을 증명할 수 없는 것과 마찬가지다. 둘 다 나쁜 사람일 수 있기 때문이다. 적이 멍청하다는 사실 또한 내가 똑똑하다는 반증은 아니다. 둘 다 멍청한 경우도 얼마든지 가능하다.

인종 차별은 인간을 '인종'에 따라 나눌 수 있고 특정 인종이 다른 인종보다 우월하다고 믿는 행태다. 멍청하기 짝이 없는 생각이다. 아, 자신이 속한 사회에 만연한 생각을 그냥 받아들이는 사례이니 정확히는 바보 같은 생각이라고 해야 맞다. 생각 없이 편견을 재생산하는 꼴이니 말이다. 그러나 '사려 깊은' 인종 차별도 있다. 이런 류의 인종 차별을 자행하는 사람은 멍청이 또는 바보 멍청이 말고 달리 표현할 길이 없다.

모든 종류의 인종 차별은 바보 같거나 멍청한 짓이므로 인종 차별에 반대하는 입장은 기본적으로는 합리적인 태도라고 볼 수 있다. 그러나 이런 태도 역시 지나치게 폭주하면 어디서나 인종 차별을 찾아내기 위해 혈안인 사람이 되어버릴 수 있다. 이 역시 멍청한 행태다. 모든 것이 인종 차별이라면 아무것도

　4. 바보 멍청이는 그릇된 판단을 생각 없이 받아들인다

인종 차별이 아니게 된다. 인종 차별 반대도 지나치면 진짜 인종 차별과 인종 차별이 아닌 것을 구분할 수 없게 되어 세상 모든 일을 인종 차별로 싸잡아보면서 결국 비판적 사고를 할 수 없어진다. 인종 차별 반대가 기본적으로는 합리적인 입장이라도 바보 멍청이로 전락하지 않으려면 끊임없이 자기비판을 해야 한다.

바보 멍청이는 이성적인 사고를 통해 의견에 도달하는 게 아니라 그냥 어쩌다 특정 관점을 정해버린다. 그리고 보통 남들 말에 반대하는 입장을 대충 먼저 취하고 나중에 근거를 만들어 내려고 한다. 그러다 보니 그 근거도 대부분 허술하다. 그러나 이런 부분은 바보 멍청이에게 크게 중요한 일이 아니다. 이들에게 무엇보다 중요한 것은 뭐가 됐든 그냥 결론이다. 사실 관계와 상황이 바뀌어도 자기 의견을 바꾸려 하지 않는다. 그러기보다는 새로 제기된 사실을 부정하는 방법을 택한다. 그도 아닐 때는 자신만의 '대안적 사실'이 있다고 주장하기도 한다.

본회퍼의 옥중 편지와 글에 이런 말이 나온다.

바보가 고집을 부린다고 독립적 인간이라고 생각하면 안 된다. 바보와 대화를 하면 그 사람 자체와 이야기하는 게 아니라 이 바보를 사로잡고 있는 슬로건이나 표어, 그 비슷한 것들과 대화하는 느낌이 든다.[7]

판에 박힌 듯 똑같은 말과 진부한 표현은 바보 멍청이들의 전매특허나 다름없다. 자기가 안 좋게 생각하는 모든 일에 '신자유주의'나 '포스트모더니즘', '워크(woke, 깨어 있음: 인종차별 및 사회 불의에 대한 경계-옮긴이)' 등의 단어를 만능열쇠처럼 쓰는 사람이 있다면 바보 멍청이가 아닌지 의심할 만하다. 물론 이런 말을 쓴다고 전부 바보는 아니지만 소셜 미디어나 공개적인 토론에서 사용한다면 대개 지적 나태함의 신호로 볼 수 있다.

바보 멍청이들은 보편적인 설명을 좋아한다. 어

떤 바보 멍청이가 신자유주의를 적으로 정하면 그때부터 세상에 일어나는 슬프고 안 좋은 일은 전부 신자유주의 때문이다. 포스트모더니즘을 적으로 삼는 바보 멍청이에게 현대 사회가 퇴보하는 이유는 전부 포스트모더니즘 때문이다. 최근 들어서는 '워크'가 그 비슷한 역할을 맡은 듯하다. 2023년 3월 실리콘밸리은행(Silicon Valley Bank)이 무너진 이유가 워크 때문이라고 주장하는 사람들이 있었다. 실리콘밸리은행은 스스로 초래한 금융 위험을 충격적일 정도로 방치했고, 그 결과 금리 상승에 극도로 취약한 구조가 되었다. 이렇게 명확한 이유가 있는데도 그들은 단순히 '워크' 때문이라고 주장한다.

속내를 감추고 거짓 주장을 일삼는 바보 멍청이도 있다. 바보 멍청이 중에는 (다른 문제가 많기는 해도) 나름 진정성 있는 부류도 있다. 허튼소리를 늘어놓더라도 최소한 진짜로 믿고 있는 신념이긴 하다. 그중에는 이 진정성마저 없는 바보 멍청이도 있다. 여기저기서 떠들어대는 근거 없는 말에는 그렇게 부화뇌동하면서, 자신의 이해관계에 별 도움이 되지 않으면 훨씬 합리적인 의견이라도 바로 거부하는 사람들이다.

미국 소설가이자 정치 활동가였던 업튼 싱클레어 (Upton Sinclair, 1878-1968)는 "이해를 못해야 밥줄을 유지하는 사람을 이해시키기란 매우 어려운 일이다"고 했다.[8] 여기서 '밥줄'은 꼭 수입만을 뜻하는 게 아니라 편리함이라는 의미다. 예를 들어 비행기를 타고 멀리 여행 다니기를 좋아하는 사람은 자신이 여행을 함으로써 지구 온난화에 일조한다는 사실을 깨닫는 데 다른 사람보다 오래 걸린다. 사실을 받아들이지 않을 동기가 충분하기 때문이다.

지금은 진짜 바보 멍청이들이 아니라 냉소주의자와 개소리를 늘어놓는 부류에 대한 이야기 중이다. 니체는 '선택적 어리석음'에 대해서도 글을 썼다. 선택적 어리석음이란 아무리 훌륭한 주장이라도 자신의 신념에 반하면 일부러 귀를 닫아버리는 것을 말한다.[9] 니체는 이미 결정을 내린 사안에 대해서는 이 방법이 좋다고 말한다. 누구나 틀린 판단이라는 걸

알면서도 서둘러 결론을 내버리고 싶은 충동을 느낀다. 하지만 언제라도 늦지 않으니. 어리석음을 극복하려는 노력을 포기하지 말아야 한다.

의심, 확신 그리고 고집

인생에서 확신할 수 있는 단 한 가지가 있다면, 지금의 내가 틀린 부분이 있다는 사실을 먼 훗날에는 깨닫게 된다는 사실이다. 우리보다 앞서간 사람들의 실수를 찾아냈다고 잘난 체해서는 안 된다. 나중에 또 다른 누군가가 지금 우리의 실수도 찾아내고 말 테니까.

아일랜드의 대주교 제임스 어셔(James Ussher, 1581-1656)는 기원전 4004년 10월 23일(2025년 기준 6,029년 전-옮긴이) 밤에 세상이 창조되었다고 굳게 믿었다. 뷔퐁 백작으로 불리는 조르주-루이 르클레르(Georges-Louis Leclerc, Comte de Buffon, 1707-1788)에게는 얼토당토

않은 이야기였다. 뷔퐁 백작은 지구 연대를 약 7만 5000년이라고 주장했다. 하지만 아브라함 고트로프 베르너(Abraham Gottlob Werner, 1749-1817. 독일의 지질학자-옮긴이)에 따르면 이 역시 말도 안 되는 추정치였다. 베르너는 지구 연대가 최소 100만 년은 된다고 측정했다. 그러나 불과 반 세기 후에 윌리엄 톰슨[William Thomson, 1824-1907. 켈빈 경(Lord Kelvin)으로 알려진 영국의 물리학자-옮긴이]이 지구 나이를 이보다 몇 곱절 많은 2000만 년에서 4억 년 사이로 추정했다. 또 그로부터 반 세기 후 아서 홈즈(Arthur Homes, 1890-1965. 영국의 지질학자-옮긴이)가 새로운 측정법을 사용해 지구 연대를 16억 년에서 30억 년 사이로 추정했다가 이후 또 다른 측정법으로 45억 년에까지 도달했다.

오늘날 가장 널리 받아들여지는 지구 연대는 45억 5000만 년으로, 클레어 패터슨(Clair Patterson, 1922-1995, 미국의 지구화학자-옮긴이)이 계산한 추정치다. 그리고 이 계산 역시 미래에 뒤집힐 가능성이 얼마든지 있다. 나는 옛날 사람들이 바보였다는 말을 하려는 의도가 아니다. 현재의 판단 역시 미래에는 실수로 밝혀질 수 있다는 뜻이다. 그러므로 우리 모두 조금 더 겸손해질 필요가 있으며, 모든 지식은 잠정적으로만 사실이라는 점을 잊지 말아야 한다.

완전히 확실한 사실이 존재하지 않는다고 해서 모든 주장이 같은 무게를 갖는 것은 아니다. 2017년 조사에 따르면 미국 국민의 38퍼센트가 창조론자이며 지난 1만 년 내 언제쯤 신이 인간을 창조했다고 믿는다. 57퍼센트는 진화론에서 갈라져 나온 다양한 이론을 믿는다고 답했다.[10] 이 두 가지 주장을 대등하다고 볼 수는 없다. 한 주장은 뒷받침하는 근거가 수없이 많지만 다른 쪽은 종교적 권위에 기대지 않고는 특별한 근거가 없기 때문이다.

앞에서 확실한 건 아무것도 없다고 했지만 의심한다고 해서 전부 합리적이라고 할 수도 없다. 바보 같고 멍청한 의심도 있을까? 당연히 있다! 의심은 정당해야 한다. 기본적으로는 어떤 일에 대해서도 지나치게 확신하지 않는 태도가 필요하다. 절대로 옳은 지식이란 존재하지 않으며 누구든 틀릴 가능성이 있다. 그러나 정당한 이유 없이 의심부터 한다면 완전히 다른 이야기다. 연구 결과를 무턱대고 의심하는 경우를 생각해보자. 합리적인 의심이 있듯 비합리적 의심도 있다.

믿기 위해 이유가 필요한 것처럼 믿지 않는 데도 이유가 필요하다. 그러나 모든 일에 항상 이유가 있는 것도 아니다. 여러 철학적 의심에도 이를 적용할 수 있다. 비트켄슈타인은 인간이 뇌를 갖고 있다는 사실을 의심할 수 있는지 물으며 이렇게 답한다.

> 뇌가 없다고 *의심할* 근거는 없다! 온 세상이 인간이 뇌를 갖고 있다는 주장을 뒷받침하며 이에 반대할 이유가 없다. 하지만 수술로 머리를 열었는데 머리 속이 텅 비어 있는 상황도 상상해볼 수는 있다.[11]

머리 속이 비어 있을지도 모른다는 상상이 가능하

다고 해서 뇌의 존재를 의심할 근거로 삼기에는 부족하다. 뇌가 있는지 의심할 합리적 근거가 있다는 말은 그렇게 믿을 만한 이유가 있다는 뜻이다. 그런 이유를 과연 어디서 찾을 수 있을지는 의문이다. 이런 종류의 의심을 다른 말로는 철학적 멍청함이라고 한다.

비단 철학적 논의에만 국한되는 문제가 아니다. 모든 의심에는 마땅한 이유가 있어야 한다. 터무니없는 의심을 하는 사람들에게는 어느 정도 일관된 특징이 있다. 자기 믿음과 다른 정보는 무조건 의심하지만 자신의 주장을 뒷받침하는 정보에 대해서는 절대 의심하지 않는다는 것이다.

백신 반대론자인 친구가 한 명 있다. 그는 백신 부작용에 관한 NIHP(Norwegian Institute of Public Health, 노르웨이 공중보건 연구소) 자료는 냉큼 갖다 참고하더니 백신 예방 효과에 대한 보고는 그냥 무시한다. 이 친구는 의기양양하게 NIPH 보고서를 보내며 당시 약 1,500명의 노르웨이 국민이 코로나19 백신을 맞고 사망했다고 주장했다. 이 보고서의 타당성에 대해서는 처음부터 일말의 의심도 품지 않은 채 말이다.

나는 친구가 보고서에 나온 통계를 잘못 이해했다고 지적했다. 보고서에 백신을 맞은 사람 중 1,500명이 사망한 기록은 있지만 사망 원인은 자동차 사고, 익사, 자살 등 다양했다. 백신을 맞은 사람 중 1,500명이 나중에 죽었다는 사실과 1,500명이 백신을 맞고 그로 인해 죽었다는 것은 명백히 다른 이야기다. 백신 부작용으로 사망한 사실이 증명되었거나 백신이 사망 원인으로 추정되는 경우는 열 손가락 안에 꼽혔다.

그러자 친구는 보고서를 다시 보더니 내 말이 맞다고 인정하면서도 이렇게 멍청한 방식으로 사망자를 기록하면 누구든 오해할 거라고 했다. 이 말에 동의하는 사람도 있고 아닌 사람도 있을 것이다. 그러더니 이 연구 자체를 믿을 수 없다고 일축해 버렸다. 친구가 NIPH 보고서를 의심하는 이유는 하나다. 자신이 원하는 결과에 상반되는 자료이기 때문이다. 친구는 자기주장을 확인해줄 수치가 필요했다. 이런 식의 의심은 근거가 없다. 불합리한 데다 정직하지도 못한 의심이다.

스스로 회의론자라고 칭하는 사람들 중 실제로는 부정론자인 경우가 있다. 기후 위기가 진짜로 진행 중이고, 홀로코스트는 역사적 사실이며, 코로나19 유행병도 실제로 있었던 일이고, 도널드 트럼프는 2020년 대선에서 패배했다. 그러나 부정론자들은 이런 주장을 그저 비판하는 데서 그치지 않는다. 이들 주장이 사실일지 모른다는 가능성 자체를 받아들일 의지가 아예 없다. 이런 유형은 회의론자라고 할 수도 없다. 이유는 간단하다. 자기주장에 부합하는 이야기는 무엇이든 양팔 벌려 환영하기 때문이다. 비판적 사고를 한다고 볼 수도 없다. 회의론자가 아닌 이유와 마찬가지다. 타당한 논쟁과 그렇지 않은 논쟁을 구분하려는 시도도 하지 않고 전체적으로 어떤 의견이 정당한지 살펴볼 생각도 없다. 이미 결론은 나와 있고 그렇기 때문에 이에 대해 논쟁할 여지도 없다. 논쟁에서 밀리면 논쟁 자체보다는 논쟁의 동기 등을 문제 삼아서 거부한다. 이것이 이들의 해결책이다. 니체는 다음과 같이 말했다.

머리가 약해 상대의 반박에 제대로 답하지 못하면, 가슴은 반박의 의도에 의심을 드리우며 대응한다.[12]

부정론자들은 음모론자로 탈바꿈하기 쉽다. 어느 순간 자기 신념에 상반되는 모든 주장을 무시하는 걸로는 성에 차지 않아 비밀리에 움직이는 음흉한 대항 세력이 거짓 정보를 생성한다고 치부해 버린다. 이 지경까지 이르면 부정론자는 말도 안 되는 일을 밑도 끝도 없이 믿어버린다. 하나의 음모론은 꼬리를 물고 다음 음모론으로 이어진다.

음모론은 혼란스러운 현실에 나름의 질서를 부여한다. 물론 진짜 음모도 존재한다. 디만 무엇이 정당한 음모론이고 그렇지 않은 음모론인지 구분할 수 있는 명백한 기준이 없다. 그러나 굳이 음모론을 들이밀지 않는 편이 사건을 설명하는 데 더 도움이 된다면, 보통은 음모론이 아닌 쪽을 택한다. 어떤 일에 음모가 있다는 근거를 찾기 위해 엄청나게 미세한 '신호'까지 전부 뒤져서 찾아내야 한다면 이 역시 의심해야 한다. 일례로 1969년 발매된 비틀즈 앨범 〈애비로드〉를 보면 표지 사진에 폴 매카트니(1942-)가 맨발로 걷고 있는데, 이를 보고 사실은 매카트니가 1966년에 이미 죽었고 비틀즈가 비슷하게 생긴 사람을 대신 세워 사진을 찍었다고 해석하는 식이다.

음모론을 믿는 사람에게 "그건 말이 안 된다"라고 해봤자 소용없다. 게다가 그들은 사건에 대한 공식적인 설명을 믿는 것이 아니라 설령 두 가지 음모론이 상충하더라도 음모론을 더 쉽게 받아들인다. 2012년의 한 연구에 따르면, 미 특수부대가 오사마 빈 라덴(Osama bin Laden, 1957-2011)의 비밀 기지를 급습하기 전에 이미 빈 라덴이 죽어 있었다고 믿는 사람들은 동시에 급습 이후에도 빈 라덴이 살아 있다고 확신하는 모습을 보였다.[13] 슈뢰딩거(Schrödinger)의 고

양이 실험을 모른다고 해도, 죽었으면서 동시에 살아 있는 상태가 불가능하다는 것쯤은 누구나 안다. 그런데도 음모론자들은 급습에서 빈 라덴을 사살했다는 정부의 공식 발표보다, 급습 전에는 빈 라덴이 이미 죽어 있었지만 급습 후에는 여전히 살아 있다는 말을 더 믿는다.

부정론자들은 편협하다. 사람들이 편협함에 매료되는 이유는 이해가 간다. 주관적 불확실성을 없애주기 때문이다. 편협하게 생각하면 혼란스러울 일도 없고, 상충하는 정보를 이해하려고 노력할 필요도 없이 명확한 답을 얻을 수 있다. 편협한 사람은 명확함과 질서를 중시하고 이 가치를 무엇보다 우선하기 때문에 더 생각할 여지가 있는 정보라고 해도 쉽게 무시한다.

편협한 사람들은 고집도 세다. 미국의 철학자 스티븐 내들러(Steven Nadler, 1958-)와 로렌스 샤피로(Lawrence Shapiro, 1962-)는 '그릇된 판단은 일종의 완고함'이라고 말했다.[14] 물론 잘못된 판단에 영향을 미

4. 바보 멍청이는 그릇된 판단을 생각 없이 받아들인다

치는 요소는 완고함 외에도 많지만, 이 말은 중요한 점을 시사한다. 인식적 완고함은 규범적 완고함과는 구별된다. 인식적으로 고집이 센 사람은 자신이 틀렸다는 강력한 증거를 마주하거나, 어떤 합리적 기준으로도 자신의 신념을 정당화할 수 없음이 드러나도 포기하지 않고 그 신념에 매달린다. 이들의 생각을 바꿀 수 있는 것은 사실상 아무것도 없다. 완고한 사람은 자신의 의견과 다르면 무엇이든 배척한다. 그럴 만한 충분한 이유가 있다고 스스로 생각하지만 알고 보면 단지 자신의 의견과 다르다는 게 이유다.

규범적으로 고집스러운 사람은 규칙을 따르는 일에 매우 집착하는데, 주어진 상황에 전혀 적절하지 않은 규칙일 때도 똑같다. 규범적 완고함의 대표 사례로 칸트식 규칙을 들 수 있다. 칸트의 사상에 따르면 거짓말은 절대 하면 안 된다. 진실을 말하는 대가가 아무리 커도 상관없다. 설사 무고한 사람들이 생명을 잃는다고 해도 거짓말은 하면 안 된다.[15] 인식적 고집이나 규범적 고집 모두 판단력이 결여된 상태라고 할 수 있다.

이런 종류의 완고함은 의지로 통제 가능한 영역이다. 완고함이 비판의 대상이 될 수 있는 이유다. 적절한 판단을 위해 의견을 조금 누그러뜨릴 수도 있고, 고집을 꺾어야만 할 때도 있다. 자신이 틀렸을 가능성이 있다는 충분히 합리적인 가정하에 다른 사람의 말에 귀 기울일 줄 알아야 한다.

인식적으로 완고해 지구가 둥글다는 사실을 거부하는 사람이 있다고 가정하자. 놀랍게도 최근 들어 실제로 지구가 평평하다고 믿는 사람들이 증가하는 중이다. 그래도 아직 비주류 집단이긴 하지만. 어쨌든 그렇다고 도덕적으로 뭐가 잘못됐다고 말하기는 어렵다. 자기 자신 말고는 누구한테 피해를 주는 것도 아니고, 남들이 비웃는다는 점을 빼면 사실 스스로도 별 타격이 없다. 그러나 백신의 순기능을 뒷받침하는 근거는 세상에 차고 넘치며 이는 백신 회의론자들도 모두 알고 있는 사실이다. 여기서 백신 논쟁에 반기를 들고 참전한다면 단지 인식적 고집스러움만 문제되는 게 아니라 도덕적으로도 비난 받을 수 있다. 다른 사람들까지 그 망상에 끌어들여서 해를 끼칠 수 있기 때문이다. 인식적 고집쟁이들이 진짜로 뭘 몰라서 그러는 게 아니다. 지구는 둥글고 백신은 질병으로부터 사람들을 보호한다는 사실을 증명할 근거가 차고 넘친다는 걸 알지만 단지 받아들이기를 거부할 뿐이다.

어떤 주장이든 찬성과 반박의 근거는 얼마든지 존재한다. 정설로 인정받는 과학 이론이라고 해도 그에 상충하는 반박의 근거를 찾을 수 있다. 중요한 것은 근거의 총량이다. 사실 백신이 몸에 해로울 수 있다는 근거는 많다. 하지만 백신 안에 마이크로 칩이 들어 있어 사람들을 조종할 수 있다는 둥의, 세상 무엇보다 기괴하고 망상에 사로잡힌 듯한 믿음을 뒷받침할 만한 근거는 찾기 어렵다.

어떤 음모론이든 나름의 근거가 있다. 음모론을 구체화할 근거를 찾기 위해 백방으로 노력한 결과 상당히 많은 증거를 확보한 사례도 있다. 그러나 일단 자료에 접근하는 방식이 의심스러울 때가 많고, 데이터 역시 매우 창의적으로 해석해야 겨우 주장을 뒷받침할 수 있다. 반대로 음모론자들의 주장에 상반되는 증거는 차고 넘치기 때문에 일반적인 음모론자들의 주장은 받아들이기 힘들다.

예를 들어 음모론자는 이런 질문을 던진다. "A와 B, C, D가 동시에 일어날 가능성이 얼마나 되지?" 맞다. 여러 일이 동시에 일어날 가능성은 그리 크지 않다. 하지만 음모론자들은 이런 우연에 대해서는 의문을 제기하면서도, 누군가가 수백, 수천 명이 연관된 조직을 운영하고(그것만으로도 죽도록 힘든 일일 텐데) 심지어 그 조직을 아무도 모르게 운영할 가능성이 얼마인지는 묻지 않는다. 가능성이 사실 거의 없다고 봐야 할 만큼 낮은데도 말이다.

물론 앞서 언급했듯이 음모가 아예 존재하지 않는다는 말은 아니다. 공개적이고 민주적인 방식으로는 가능하지 않은 일을 비밀리에 모의해 성공시키는 경우도 있다. 그런데도 음모론자들이 악명을 얻는 이

4. 바보 멍청이는 그릇된 판단을 생각 없이 받아들인다

유는 합리적 정보 수집의 기준을 대부분 어기며 음모론을 펼치기 때문이다. 그 결과 이제 '음모론자'라는 용어 자체가 모욕적인 말이 되어버렸다.

인식적으로 완고한 이들은 자기 의견에 들어맞는 정보는 부각하고 반대되는 정보는 거부한다. 편의에 따라 근거를 필터링한다. 또한 상반된 견해에 유리한 근거는 무시하고 불리한 근거가 나오면 크게 부풀린다. 가장 합리적인 근거가 무엇인지는 개의치 않는다. 물론 근거가 합리적이라고 해서 주장 자체가 사실이 되지는 않지만 최소한 주장을 사실로 믿을 이유는 된다. 이들은 근거를 갖고 신념을 형성하지 않고 신념 자체가 모든 근거의 위에 군림한다.

더닝-크루거 효과(Dunning-Kruger effect)

무지한 사람은 자신의 무지를 지혜라고 착각하고는 한다. 지식이 적은 사람일수록 많이 안다고 생각하는 경우가 종종 있다. 워낙 아는 게 없다 보니 적은 양의 지식이 가진 한계 역시 깨닫지 못하는 것이다. 너무 무능력한 나머지 자신의 무능력을 알아채지도 못한다. 무지할수록 자신의 지식 수준을 정확히 평가하기 어렵다. 그러니 다른 사람의 지식 수준을 평가하는 일은 거의 불가능한데, 그들은 이조차 모르고는 심지어 남들을 얕잡아 보기까지 한다. 수준 차이를 알아보지 못하기 때문이다. 코로나19가 창궐했을 때 가내수공업 방식으로 산출한 분석 자료를 들고 나와 공공 의료기관에서 전문 통계학자들이 정식으로 분석한 자료보다 훨씬 낫다고 주장하던 아마추어 역학자들을 떠올려보라.

사람들에게 자신이 얼마나 논리적이라고 생각하는지 물으면 대부분 스스로를 과내평가한다. 그런데 그중에서도 제일 무능력한 사람들이 자신을 제일 과대평가한다. 이를 더닝-크루거 효과라고 한다. 이러한 현상을 방법론적으로 정리한 두 명의 심리학자 이름을 딴 용어지만,[16] 개념 자체는 고대 철학까지 거슬러 올라간다. 플라톤의 초기 대화편에 이에 대한 기본 개념이 나온다. 소크라테스가 스스로 무지하다는 사실에 무지한 상대와 대화하는 장면이 있다. 델포이 신전의 신탁은 아테네에서 소크라테스보다 지혜로운 자는 없다고 선언했다. 스스로 지혜와 식견을 가졌다고 믿는 이들과 달리 소크라테스만이 아무것도 알지 못한다고 했기 때문이다.[17] 소크라테스가 뛰어났던 이유는 자신의 한계를 알고 있었기 때문이다. 철학 입문 강의에서 한 학생이 썼던 글이 생각난다.

소크라테스는 자신이 어리석다는 것을 잘 알고 있었다. 그는 '아무것도 모르는 사람이야말로 현자다'는 말을 남겼다.

학생은 이 개념을 아직 잘 이해하지 못했던 듯하다. '지식이 없다'와 '지혜롭다'가 같은 말은 아니지만 지식이 없다는 사실을 안다는 부분이 지혜를 얻기 위한 출발점이다. 오늘날에도 소크라테스 시대와 마찬가지로, 자신의 무지를 아는 현명함은 보기 드물다. 찰스 다윈의 1871년 저서 《인간의 기원》 도입부에도 "확신은 지식보다는 무지에서 유래한다"는 말이 나온다.[18] 더 많이 알면 알수록 자신이 얼마나 아는 게 없는지 깨닫는 법이다.

처음 학부에서 철학을 전공했을 때 나는 칸트 철학을 이해한다고 착각했다. 그러다 수년이 지나 칸트 철학에 관한 박사 학위를 취득하자 이제 반 정도 안다고 말했던 것 같다. 요즘은 또 그때의 반 정도 아는 듯하다. 언젠가 때가 오면 거의 아는 게 없다는 결론에 도달할지도 모르겠다. 어린 학생이던 시절보다 분명히 지금 아는 게 훨씬 더 많은데도 그렇다. 지금은 내가 비통할 정도로 아는 게 없다는 사실을 괴로워도 인지한다는 점이 그때와 다르다.

이는 가면 증후군(impostor syndrome, 자신의 성공이 과대평가되어 있다고 생각해 언젠가 실체가 드러날까 불안해하는 심리 상태로, 임포스터 증후군이라고도 한다-옮긴이)의 **반대라고 할**

4. 바보 멍청이는 그릇된 판단을 생각 없이 받아들인다

수 있다. 가면 증후군을 앓는 사람은 실제로 능력이 뛰어난데도 자신이 사기꾼처럼 느껴진다. 하지만 더닝-크루거 효과에 빠진 사람은 훨씬 무능력하면서도 스스로 전문가가 된 것처럼 느낀다. 사실 가면 증후군을 겪는다고 호소하는 사람들을 보면 상당수는 실제로 주장하는 만큼 유능하지 않은 경우가 많아서 그렇게 느낄지도 모른다. 사기꾼처럼 느끼지 않는 사람이 훨씬 많다는 점이 문제다. 근거 없이 스스로를 사기꾼처럼 느끼는 사람도 있긴 하지만 상당수는 실제로 그렇게 느낄 만 하다. 그리고 진짜로 가면 증후군을 겪는 사람은 자신을 사기꾼으로 보는 것이 잘못된 판단이라고 생각하지 않는다.

더닝-크루거 효과는 여러 분야에서 찾을 수 있다. 한 실험에서는 시험을 막 치른 학생들에게 자신의 시험 성적을 예측하도록 했다. 또 다른 실험에서는 마찬가지로 토론 대회에 참가한 학생들에게 자체적으로 수행 능력을 평가하게 했다. 그 결과 실제로 가장 성과가 나쁜 학생일수록 자신의 수행 능력을 높이 평가하는 모습을 보였다.[19] 실험에 참가했던 학생들이 딱히 자랑을 늘어놓은 것은 아니었다. 다만 자신이 일반적인 기준에서 얼마나 멀리 떨어져 있는지 모를 뿐이었다.

대학에서 30년 이상 강의를 하다 보니 나 역시 이런 일을 종종 경험한다. 실제로 학생들 중에는 아는 것은 제일 적으면서 자기가 남들보다 훨씬 많이 안다고 우쭐해서는 거만하게 떠들어대며 주변 사람을 짜증 나게 하는 이들이 꼭 있다. 이런 학생들은 심지어 앞에서 가르치고 있는 교수보다도 자기가 주제에 대해 더 해박하다고 믿기까지 한다.

대부분의 직장에서도 같은 현상을 관찰할 수 있으며 소셜 미디어에서 댓글을 다는 사람들 중에는 말할 것도 없다. 직장에서 이런 사람에게 실제로는 별로 성과가 없지 않느냐고 지적하면, 상사가 자신을 싫어한다느니 등의 변명으로 비판을 무력화하려고 한다. 이들은 어느 정도의 성과를 내야 하는지 자체를 이해하지 못한다. 그리고 자신이 받은 비판을 듣지 않는 동료는 그만큼 실제로 좋은 성과를 냈기 때문이라는 사실도 받아들이지 못한다. 사실 자신이 한 일과 동료가 한 일에 어떤 차이가 있는지도 모른다.

이런 사람을 상사로 둘 때도 많다. '피터의 법칙'인데, '조직에서는 모든 직원이 무능력해질 때까지 승진한다'는 이론이다. 즉 유능한 사람이 더는 유능하지 않게 될 때까지 승진을 계속한다는 뜻이다. 인간은 자신을 돌아보는 능력이 그렇게까지 탁월하지 않아서 무능력한 사람이 스스로 무능함을 깨닫기란 하늘의 별 따기다. 이런 부류의 상사가 있으면 매우 짜증스럽기 마련이다. 한 조사에 따르면 미국 고용인의 65퍼센트가 월급 인상보다 더 간절하게 바라는 것은 자기 상사의 해고라고 한다.[20]

어느 영역에서나 더닝-크루거 효과가 나타나는 것은 아니다. 가령 테니스를 못 치는 사람일수록 스스로 과대평가하진 않는다. 더닝-크루거 효과는 유능하기 위해 필요한 능력과 유능한지를 평가하는 데 필요한 능력이 동일한 영역에서 특히 두드러지게 나타난다. 테니스를 특별히 잘 쳐야만 자신이 테니스를 잘 치는지 못 치는지 알 수 있는 건 아니라는 뜻이다. 남의 실력을 평가할 때도 마찬가지다. 물론 잘 치면 도움이 되긴 하지만.

하지만 논리학 분야라면 이야기가 다르다. 자신과 다른 사람의 논리력을 평가할 수 있으려면 상당히 높은 수준의 논리적 기술이 필요하다. 테니스에서는 실력이 훨씬 뛰어난 사람과 겨뤄보면 자기 수준이 여실히 드러난다. 논리도 마찬가지일까? 더 똑똑하고 아는 게 많은 사람과 대화하면 자신의 지적 결함도 잘 드러날 것 같지만 그렇지 않다. 자신의 논리적 결함을 깨달을 정도가 되려면 이미 상당히 똑똑하고 지적이어야 한다.

사고력이 부족한 사람은 보통 자신의 사고력이 좋은지 나쁜지를 판단하는 능력도 부족하다. 더닝-크루거 효과는 메타 인지 능력과 관련이 있다. 생각하는 존재로서 제대로 기능하고 있는지 스스로 알아차리는 능력이다. 지적으로 무능한 사람은 자신이 지적으로 무능하다는 사실을 깨달을 능력 자체가 없다. 비슷한 변형들도 있다. 편협한 사람은 자기가 편협하다는 개념 자체를 받아들이지 못한다. 이런 결함들은 본질적으로 자각이 매우 어렵다.

더닝-크루거 효과는 사람마다 다양한 형태로 나타난다. 사람마다 자신의 생각을 자각하는 메타 인지 능력이 다르기 때문이기도 하고, 원래부터 자신이 남보다 낫다고 생각하는 사람들도 있어서 그렇다. 성별에 따라서도 분명한 차이를 보인다. 당연히 스스로 과대평가하는 여성도 있고 자신을 과소평가하는 남성도 있겠지만, 다양한 실증 연구에 따르면 이 부분에서는 성별 차이가 매우 뚜렷하게 드러난다. 자신을 과대평가하는 사람 중에는 남성이 많고 과소평가하는 사람 중에는 확실히 여성이 많다.[21]

비록 무능력하더라도 다른 사람 말을 듣고 수용한다면 배우려는 의지가 있다는 뜻으로 결국에는 자기 무능력을 알아볼 정도의 능력은 갖추게 된다. 그때부터 진정한 깨달음을 향한 길로 들어설 수 있다. 그러나 무능력하면서 편협하기까지 하다면 대체로 바보 멍청이가 되는 것 말고는 도리가 없다. 이런 사람을 구제할 방법은 단 하나, 어느 순간 깨달음을 얻는 것뿐이다.

1851년 소설 《모비 딕》의 마지막에는 에이햅 선장이 갑판에 서서 불현듯(이미 늦긴 했지만) 자신의 광기와 지금까지 해온 고래 사냥의 허무함을 깨닫는 장면이 나온다. 이제껏 스스로 만든 지옥에 살고 있었다는 것을 알아차리고 그만 집착을 버릴 때가 된 것이다. 현실에서는 거대한 흰고래를 잡으러 나갈 일이 없겠지만, '딥 스테이트(국가를 대표하는 공식적 인물이나 정부 대신 보이지 않는 실세가 나라를 조종한다는 믿음-옮긴이)'니 일루미나티(1785년 해산된 독일 계몽주의 비밀결사 조직. 현대에도 숨어서 전 세계를 조종한다는 음모론이 있다-옮긴이), 사악한 계획을 꾸미는 억만장자 집단이니 부패한 과학자니 하는 어둡고 거대한 음모론에 집착하는 사람들이 언젠가는 이런 깨달음의 순간을 얻길 바란다. 누구나 자신의 어리석음이나 멍청함을 갑자기 깨닫게 되는 순간이

4. 바보 멍청이는 그릇된 판단을 생각 없이 받아들인다

있다. 세상이 음모로 얼룩져 있다고 믿는 사람들에게도 그런 순간은 있다. 그러나 불행히도 이런 순간이 자주 찾아오지는 않는다.

세상에 나온 바보 멍청이들

자신감 넘치는 어리석음을 주변 사람들이 지식이나 지성으로 착각하는 일도 있다. 정보의 전달 방식이 좀 더 검증된 구조라면 이런 사람들의 의견이 다수에 도달하기 전에 걸러낼 수 있다. 오늘날의 소셜 미디어는 이런 사람들의 놀이터다. 어쭙잖은 아마추어들이 하는 말에 현혹되는 무리는 늘 존재했지만 요즘에는 규모 면에서 차원이 다르다. 예전보다 바보 멍청이들이 훨씬 많아진 듯 보이지만 실제로 그 수가 늘어났다고 볼 수는 없다. 단지 바보 멍청이들이 예전보다 훨씬 많이 노출되다 보니 그렇게 보이는 것이다. 움베르토 에코의 입바른 소리에 여러 사람들이 분개한 일이 있었다.

소셜 네트워크 때문에 멍청이들이 발언권을 얻게 됐다. 과거에는 멍청이들이 어디 크게 피해줄 것 없이 술집에나 모여 와인 한 잔 마시고 나서야 겨우 한마디하고, 그나마도 그때는 금방 입을 다물었는데, 요즘은 노벨상 수상자와 똑같이 발언권이 있으니 말이다.[22]

에코의 말은 멍청한 사람은 표현의 자유도 가지면 안 된다는 뜻이 아니다. 멍청이들이 예전과 달리 자신의 멍청함을 여기저기 알릴 기회가 이미 많은데 굳이 자격도 없는 이들이 사회적 담론에까지 영향력을 발휘하도록 권한을 줄 필요는 없다는 말이다. 바보 멍청이도 당연히 다른 사람들과 똑같은 표현의 자유를 갖는다. 그러나 바보 멍청이들은 비판을 수용하지 않기 때문에 누군가 비판을 하면 자신의 표현의 자유를 부정하려는 시도로 여긴다. 표현의 자

　　　4. 바보 멍청이는 그릇된 판단을 생각 없이 받아들인다

유라는 이름으로 이상하기 짝이 없는 생각을 전파할 권리를 얻어 놓고도 다른 사람들이 그 이야기가 얼마나 멍청한지 지적하면 그건 표현의 자유로 받아들일 수 없는 모양이다.

나치의 대량학살에 관한 논쟁에 홀로코스트 부정론자들까지 끌어들일 필요는 없다. 러시아가 우크라이나를 침공한 일을 논의할 때 푸틴 정권이 나치 사탄주의자들에 대항해 합법적 싸움을 하고 있다고 믿는 이들을 불러올 필요도 없다. 공공 담론에 이 세상 모든 의견을 전부 반영하지 않아도 괜찮다. 이들은 그냥 자기 SNS에서 생각을 말할 기회를 얻는 걸로 충분하며 나머지 사람들 역시 사회적 문제를 논하는 자리에 이들을 진지한 토론자로 끼워줄 의무는 없다. 말 나온 김에 이야기하자면, 사회적 문제가 아니라 사적인 자리에서도 마찬가지다.

진정한 통찰력을 갖기 위해 세상 모든 의견을 참고할 필요는 없다. 스스로 무슨 말을 하는지도 모르는 사람의 관점이라니, 이런 의견은 그냥 무시해도 좋다. 누가 무슨 말을 하든 자유지만 일일이 진지하게 대응할 필요도 없다. 홀로코스트 부정론자나 지구가 평평하다고 믿는 사람들, 연구 조작으로 의사 면허를 박탈당한 앤드루 웨이크필드(Andrew Wakefield)가 MMR 백신(홍역, 볼거리, 풍진, 이 세 가지 바이러스를 함께 예방하는 백신으로 WHO를 비롯한 여러 건강 관리 기관에서 접종을 권장한다-옮긴이)이 자폐증을 유발한다는 사실을 이미 증명했다며 따지는 사람들 모두 해당한다.

아, 무슨 '끌어당김의 법칙(law of attraction)' 같은 유사과학에 빠진 사람들도 마찬가지다. 론다 번(Rhonda Byrne)의 《시크릿》(2006)에 처음 등장해 최근 몇 년간 유행하는 이 개념은, 머릿속 생각이 세상에 직접적으로 영향을 미치며 원하는 게 있으면 그냥 엄청 많이 원하면 이루어진다는 내용이다. 어린아이들이나 믿을 법한 마법 같은 이야기다. 요즘 소셜 미디어 인플루언서들이 열광하는 '선언(manifesting)'이라고 하는, '바라는 대로 이루어질지니' 식의 이야기도 모두 비슷한 부류다.

어떤 주제에 대해 훨씬 많이 아는 사람을 무시한다고 해서 무조건 오만하다고 할 수는 없다. 나는 2009년 한 텔레비전 프로그램에 출연해 영국의 실화 작가인 데이비드 어빙(David Irving, 1938-)을 '돌팔이'라고 칭한 적이 있다. 여기서 어빙을 '사학자'가 아니라 굳이 '실화 작가'로 명명하는 이유가 있다. 역사 과학 분야에서 기본적으로 필요한 학문적 기준조차 어기는 사람을 학계의 일원으로 인정할 수 없기 때문이다.

사실 어빙이 나보다는 역사에 대한 지식이 훨씬 방대할 테니 우리가 직접 만나 논쟁하면 무조건 나의 완패로 끝날 것이다. 지금까지 내가 홀로코스트에 관한 책을 100권 정도 읽었다면 어빙은 수만 편의 책과 자료를 읽었을 테고 원본 자료도 더 깊이 있게 연구했을 것이다.

그런데도 내가 어빙을 돌팔이라고 일축하는 이유는 명확하다. 그는 원하는 결론에 도달하기 위해 자료를 조작했다. 자료 해석에 따른 견해 차이가 아니다. 명백한 속임수였으며 부정행위를 저질렀다. 어빙은 자신에게 유리한 자료만 선택적으로 인용해 근거로 들었으며 반대 주장에 대치하는 부분을 골라서 편파적으로 이야기를 지어냈다. 어빙만큼이나 홀로코스트에 대해 해박하고 관련 원본 자료도 철저히 연구한 전문 사학자들이 구체적 근거를 들어 밝힌 사실이다. 이들의 연구는 어빙이 택한 방식과는 달리 철저한 과학적 연구와 조사를 통한 검증 과정을 거쳤다. 어빙은 이 분야에 방대한 지식을 갖고 있을지는 모르나 부정직한 탓에 진지한 연구자로 인정받지 못한다.

어빙과 대비되는 예로 장-클로드 프레삭(Jean-Claude Pressac, 1944-2003)을 보자. 프레삭은 원래 유명한 홀로코스트 부정론자 로베르 포리송(Robert Faurisson, 1929-2018)과 함께 거론되던 인물이었으나 진실을 향한 열망을 품고 연구를 계속한 결과, 아우슈비츠에 시체 소각장이 있었다는 결정적 자료를 찾아냈다.[23] 이 과정에서 홀로코스트 부정론자들의 입지기 크게 흔들렸다. 프레삭은 자신의 주장과 대치되는 사실을 알고서 신념을 바꾸었다. 하지만 어빙은 그렇지 않았다. 자신에게 불리한 사실은 무시하거나 거짓으로 치부했다. 아직도 어빙의 주장을 믿는 사람은 바보라고 말할 수 있을까? 이보다 더 확실한 사실은 없다고 단언할 수 있다.

최근 수십 년 사이 누구나 스크린 터치 한 번으로 막대한 양의 정보에 접근할 수 있게 되었다. 정보의 민주화가 이루어진 셈이다. 더는 최상위 특정 계층만 정보를 독점하는 구조가 아니다. 하지만 이 정보를 의미 있고 지속적인 방식으로 처리할 수 있는 사람은 아직 많지 않다. 정보의 출처에 대해 비판적인 태도를 견지해야 한다. 그러나 우리는 정확한 지식에 기반해 이성적으로 정보를 다루지 않고 여전히 그저 아는 체하며 오해와 무지로 뒤섞인 논의를 이어갈 때가 많다. 소셜 미디어에서는 무지한 사람들이 다른 무지한 사람들과 연합하는 바람에 지식의 부재가 몇 배로 증폭한다. 아무런 전문 지식도 없으면서 자극적인 말로 사람들의 이목을 끌려는 자칭 전문가들 때문에 과학적으로 타당한 근거가 있는 정보는 오히려 무지한 자들이 떠드는 소리에 묻혀 가라앉는다.

다른 사람과 소통하려 한다면 공유하는 현실에 관해 대화할 수 있어야 한다. 그게 안 되면 민주주의는 붕괴하고 만다. 같은 현실을 바라보고 있지 않다면 의미 있는 대화를 나눌 수도 없다. 민주적 대화가 가능하려면 사실에 입각한 정보가 필요하다. 그리고 사실에 입각한 정보란 많은 부분 대학이나 연구소, 정부 기관 등 제도적으로 인정받은 기관의 전문가들이 축적해 온 지식이다. 여기에 언론도 빠질 수 없다. 그리고 이러한 기관들은 지식을 검증하는 체계를 갖추고 있다는 공통점이 있다. 그런데 현대 사회에는 별다른 검증 체계도 갖추지 않은 채, 자신의 주장이 공신력 있는 기관의 검증을 거친 지식보다 더 믿을 만하다고 주장하는 사람들이 너무나 많다. 이는 심각한 문제다. 이런 일들이 쌓여 지식의 위기를 초래하고 나아가 정치적 위기 상황까지 일으킨다.

5

보수는 바보,
진보는 멍청이일까?

바보는 세상이 늘 그대로 흘러가길 원하고, 멍청이는 앞으로 나아가길 바라며, 바보 멍청이는 자신이 더 나은 세상을 만들 특별한 방법을 안다고 생각한다. 여러 가지를 종합하면, 바보보다는 멍청이가 세상에 해로우며 그중에서도 특히 바보 멍청이는 최악이다. 이런 관점에서 보면 바보가 권력을 쥐는 편이 그나마 낫다고 생각할 수도 있다.

그러나 몇 가지 문제가 있다. 일단 나름 순수한 바보들의 이상대로 나라를 운영할 수 있는 정부는 사실상 거의 없다. 그리고 바보들이 가진 권력은 매우 빠르게 바보 멍청이들에게 옮겨갈 공산이 크다는 점도 위험 요소다. 바보 멍청이들은 자신을 지혜의 현신(現身)이라도 되는 양 착각하기 때문에 민주주의의 기본 바탕조차 존중하지 않는다.

누구나 바보 멍청이 같은 면이 있다. 다들 강박적으로 몰두하는 한두 가지 분야가 있다. 그러나 이러한 성향이 매우 두드러져 이것으로 성격을 규정할 수 있을 정도인 사람들이 있다. 또 그들 중 일부는 막강한 권력을 누리며 사람들을 복종시키기도 한다. 이런 부류의 바보 멍청이가 누리는 자유는 거의 무제한에 가깝다. 그리고 안타깝지만 현실에서는 이들이 정치를 주도할 때가 많다.

독재자들을 보면 예외 없이 거의 다 바보 멍청이 유형에 속한다. 아돌프 히틀러, 베니토 무솔리니, 이오시프 스탈린, 폴 포트(Pol Pot, 캄보디아의 독재자-옮긴이), 마오쩌둥 같은 독재자들의 자서전을 대충 들춰보기만 해도 쉽게 알 수 있다. 이들이 남의 말을 잘 듣는 사람들이었다고 한다면 말도 안 되는 헛소리일 것이다. 완고함과 무한한 자신감이야말로 독재자의 특징이다.

대표적인 예로, 중국의 마오쩌둥은 참새가 곡식과 과일을 쪼아 먹어서 농작물에 피해를 주자 이를 막기 위해 전국에 있는 참새를 모두 살처분하기로 결정했다. 과학자들이 참새는 곡물도 먹지만 해충도 잡아먹기 때문에 그러면 안 된다고 반대했지만 전혀 통하지 않았다. 마오쩌둥은 고집을 꺾지 않고 참새 한 마리가 매년 먹는 곡물이 대략 2킬로그램이므로 참새를 전부 없애면 사람들에게 더 많은 식량이 돌아간다고 우겼다.

이 논리에 따라 참새 둥지는 헐어버리고, 참새알은 없애고, 참새를 보면 쏘아 죽이라는 명령이 떨어졌다. 둥지가 있는 곳까지 닿지 않으면 그 나무 아래서 냄비와 프라이팬을 두들기게 했다. 그렇게 하면 참새들이 쉬지 못해 피로로 죽는다는 이유였다.

1~2년이 지나자 중국에서는 참새가 멸종되다시피 했다. 그러자 참새와 천적 관계에 있던 곤충의 개체 수가 급증했다. 그중에서도 특히 메뚜기 수가 급격히 불어나 참새들이 있을 때보다 농작물 피해가 훨씬 커졌다. 이 일은 중국의 대약진 운동(大跃进运动, 1958-1962) 기간 실시했던 여러 정책과 함께 대기근을

초래해 중국인 수천만 명이 사망하는 결과로 이어졌다.[1] 이후 중국은 참새 개체 수를 회복하기 위해 소련에서 참새 25만 마리를 들여와야 했다.

권위주의 정권은 우둔하고 생각 없는 국민을 선호한다. 이를 뒷받침하는 여러 철학 사상이 있으며 그중 한 예로 토마스 홉스(Thomas Hobbes, 1588-1679)를 들 수 있다. 홉스의 정치 이론이 탄생한 역사적 배경은 잉글랜드 내전(English Civil War, 1642-1651)이 일어났던 시기로, 영국의 정치적 혼란이 최고조에 달했던 때였다.

이를 바탕으로 그는 아무리 억압적인 정부라도 내전으로 시민들이 겪는 고통보다는 낫다는 결론을 내린다. 홉스는 새로운 사상은 불안을 야기할 수 있으므로 전체 질서를 벗어나 독자적으로 생각하는 사람을 경계해야 한다고 경고했다. 또한 남보다 더 똑똑하다고 자화자찬하는 사람과 자신이 사회를 바꿀 수 있다고 생각하는 사람을 믿지 않았다. 홉스에 따르면 그들은 혼란만 일으킬 뿐이었다.

　다시 말해 홉스는 멍청이가 아닌 바보를 선량한 시민으로 보았다. 멍청이는 국가의 안정을 위협하는 존재이며 철학자도 멍청이로 분류할 수 있다. 또한 표현의 자유를 이용해 통치자에 반대할 가능성이 있으므로 표현의 자유를 완전히 인정해서는 안 되며, 통치차는 학교에서 가르치는 내용까지 일일이 규제할 수 있어야 한다.[2] 통치자의 권력과 국가의 안정이 무엇보다 우선한다. 그러므로 비판 의식 없이 권위에 무조건 복종하는 우둔한 시민이야말로 국가에 가장 이롭다고 보았다.

　민주주의는 어떠한가? 민주주의 사회에서는 기본적으로 국민은 알 권리가 있고 자율적으로 생각하는 존재다. 그러나 모든 사람이 이 기준을 충족하지 않는 것도 사실이다. 미국의 철학자 제이슨 브레넌(Jason Brennan, 1979-)은 모든 국민에게 투표의 의무가 있는 것은 아니라며 정치에 무지한 대다수 사람들은 오히려 투표하지 않는 편이 도덕적으로 옳다고 주장했다.[3]

　브레넌은 민주주의 사회의 구성원들이 집단적 의사 결정 과정에서 크게 영향력을 발휘하지 못하면 사안을 제대로 이해하려는 동기도 사라진다고 전제한다. 결과적으로 상당수의 사람들이 정치적 쟁점에 대해 아는 것이 전혀 없으며, 일부는 자신에게 유리한 정보만 받아들인다. 평범한 시민들은 정치에 관한 지식이 부족하고 사안을 이해하지 못하다 보니 정치적으로 무능력해지며 결국 민주주의는 제대로 된 정부 형태로 기능하지 못한다.

　브레넌은 민주주의가 바보들이 통치하는 세상이라며, 대안으로 가장 유능한 지식인이 통치하는 에피스토크라시(epistocracy)를 제시한다. 물론 미국 유권자의 절반 이상이 미 의회 상원과 하원에서 어느 정당이 다수 의석을 차지하는지 모른다는 점에 낙담을 금할 수 없다.[4] 이런 것도 모르는 상황에서 정치에 대해 무엇을 알 수 있단 말인가? 하지만 그렇나고 해서 정치적 사안을 상세히 이해하는 소수가 지배하면 더 현명한 결정을 내릴 수 있다는 보장이 있을까?

비록 군중 속 개인의 역량이 특별히 뛰어나지 않더라도 군중의 잠재적 지성을 과소평가해서는 안 된다. 아리스토텔레스도 이렇게 말했다.

> 다수를 이루는 개인을 따로 보면 평범한 사람들이지만, 하나로 모였을 때는 뛰어난 소수보다 나을 수 있다. … 다수에 속한 개인은 각자 몫의 덕과 신중함을 지닌 데다, 이들이 한데 모이면 마치 한 사람이 여러 개의 손과 발, 감각을 가진 것처럼 된다. 성격과 사고에 있어서도 마찬가지다.[5]

하지만 아리스토텔레스는 정부 형태로 민주주의를 권하지는 않았다. 다수의 독재라고 보았기 때문이다. 그렇다고 폭정을 추천하지도 않았다. 폭정을 절대주의로 이해하더라도 이 체제에서는 오직 폭군 한 사람의 이익만을 중시하기 때문이다. 그러므로 모두는 아니더라도 여러 사람이 참여하는 중간 형태의 정치 체제를 찾는 일이 꼭 필요했다. 그리하여 아리스토텔레스가 채택한 정부 형태는 귀족정이었다. 정치적 사안을 철저히 검토할 시간과 돈이 있는 계층은 귀족뿐이므로 결정 또한 귀족이 내려야 한다는 생각이다. 아리스토텔레스는 사실상 대다수 사람의 정치적 의사결정권을 인정하지 않는다.

이에 대한 타협안으로 현대 민주주의에서 가장 일반적인 형태는 대의민주제다. 결정을 내리기 전에 사안을 제대로 다룰 수 있는 대표를 선출해 대신 판단하게 하는 정치 형태다. 버트런드 러셀은 국회의원이 자신이 대표하는 집단보다 더 바보일 수는 없다는 점을 대의민주제의 장점으로 꼽았다. 국회의원이 바보라면 그 바보를 뽑은 사람들은 더 바보가 분명하기 때문이다.[6]

존 스튜어트 밀은 대의민주제를 옹호하긴 했지만 귀족주의적 사상 역시 확고했다. 밀은 모든 시민이 동일한 투표권을 가져서는 안 된다고 생각했다. 지적 수준이 더 높은 사람들이 그렇지 않은 사람보다 많은 표를 가져야 한다는 주장이다. 밀은 시민 한

명 한 명의 지적 수준을 측정할 수는 없다고 인정하면서, 직업에 따라 가질 수 있는 표의 수를 분배해야 한다고 제안했다. 상인과 사업가, 학자 등은 일반 노동자나 가정주부보다 선거에서 더 많은 표를 행사할 수 있어야 한다고 말했다. 참고로 밀은 여성에게 투표권을 부여해야 한다고 주장했던 주요 인물 중 한 명이다.

존 스튜어트 밀은 《대의정부론》 각주에서 보수당이 '가장 우둔한 정당'이라고 주장했다.[7] 이후 1866년 5월 국회 연설에서 이에 대해 자세히 부연했는데, 정치적 보수주의자들이 일반적으로 우둔하다는 말은 아니지만 '우둔한 사람들은 보통 보수주의자인 경우가 일반적'이라고 뜻을 분명히 했다. 바보는 스스로 생각하지 않고 이미 자리 잡은 주류의 견해를 그저 재생산할 뿐이니 밀의 주장은 사실 당연한 이야기다. 밀은 다음과 같은 글도 남겼다.[8]

세상 어디를 가도 어리석음은 모두 같은 모습이

다. 어리석은 사람의 생각과 감정은 그를 둘러싼 집단에서 어떤 생각과 감정이 통용되는지를 보면 거의 확실하게 알아낼 수 있다. 자기 본성과 능력으로부터 의견과 감정이 나오는 사람들은 이들과 다르다.[9]

밀의 관점을 다른 방향에서 살펴보면, 왜 바보는 보수적이고 멍청이는 진보적이거나 급진적인지 알 수 있다. 멍청이들은 기존의 관점을 그대로 받아들이지 않고 다른 대안을 떠올리려 하기 때문이다. 보수주의 바보는 생각이 상자 안에 완전히 갇혀 있고, 급진파 멍청이는 생각이 상자 밖으로만 나뒹군다. 보수주의자라고 모두 바보는 아니지만, 누군가가 바보라면 보수주의자일 확률이 높다. 급진주의자가 모두 멍청하지는 않겠지만, 멍청이는 급진주의자일 확률이 높다.

제대로 기능하는 민주주의라면 바보와 멍청이가 설 자리도 있어야 한다. 그리고 어느 정도 안정적인 사회를 바란다면 바보가 다수인 편이 낫다. 그러나 바보 멍청이가 합쳐지면 확실히 민주주의에 유해하다. 민주주의가 확실하게 자리 잡은 사회라면 상당히 많은 바보 멍청이도 수용할 수 있겠지만 그래도 해로운 건 마찬가지다. 민주주의가 바보들의 세상일지 몰라도 민주주의의 대안은 뭐가 됐든 멍청이들의 세상이다.

개인적으로는 한 명의 바보 멍청이 지도자보다는 다수의 바보가 다스리는 세상에 사는 편을 택하겠다. 윈스턴 처칠은 1947년 11월 11일 하원 연설에서 민주주의는 최악의 정치 형태라면서 단, 지금까지 인류가 시도했던 모든 다른 통치 체제를 제외할 경우 그렇다고 덧붙였다. 민주주의가 가장 완벽한 정부 형태는 아닐지 몰라도 최소한 바보 멍청이 한두 명의 손에 모든 권력을 쥐여주는 것보다는 확실히 낫다.

인간은 '정치적 동물'이기에 바보와 멍청이들이 권력을 휘두르는 상황을 완전히 피할 수는 없지만, 자유민주주의는 이를 감당해 낼 훌륭한 제도라고 볼 수 있다. '자유민주주의'는 용어 자체를 보면 알 수 있듯 두 체제가 합쳐진 형태다. 민주주의의 장점은 여러 사람이 모여 개인에게 부족한 집단 지성을 축적한다는 점이다. 인간은 홀로 있을 때보다 여럿이 합쳤을 때 더 똑똑하다.

한편 자유주의는 민주적 다수가 결코 침해할 수 없고 양도 불가능한 권리를 최소한의 조건으로 명시한다. 이로써 다수가 지나치게 바보거나 멍청해도(자주 있는 일이다) 피해가 제한적이다. 2006년 이후 전 세계적으로 자유민주주의를 표방하는 국가가 줄어들고 있어 자유민주주의는 위기에 봉착한 상황이다. 이렇게 되면 우리가 앞으로 살게 될 정치 현실은 바보와 멍청이가 고삐 풀린 채 활개 치는 불안한 세상일 수밖에 없다.

6

미래는 지금보다
더 바보들의
세상일까?

우리는 바보들의 시대에 살고 있는가? 한나 아렌트는 20세기를 어리석음이 만연한 세상으로 규정했다. 이 같은 현상은 '지식인'과 '대중 사회(대규모 관료제나 대중매체 등 비인격적 기관이 사회를 지배해 개인의 사고와 행동이 획일화되는 사회-옮긴이)' 모두 해당하며, 차이가 있다면 지식인은 어리석음을 겉으로 드러내고 대중 사회는 침묵한다는 정도라고 말했다.[1]

아마도 인류는 언제나 바보들의 시대를 살았다고 하는 편이 맞을 것이다. 하지만 어리석음은 시대마다 늘 다른 형태로 드러났고, 바보들이 여느 때보다 유난히 활개를 치는 시기가 있었다. 현재의 인류는 우리 선조들보다 더 바보라고 봐야 한다. 그 어느 때보다도 우리가 스스로 초래한 무능을 극복해야 하는 시대다. 세상에는 필요한 모든 정보가 있고 이전보다 정보에 훨씬 쉽게 다가갈 수 있다. 하지만 온라인에 지나치게 많은 정보가 쏟아져 폭발하다시피 하다 보니 극히 일부의 정보 말고는 누구도 제대로 감당할 수 없는 지경이다.

어리석음은 인간의 본질적 특징이긴 하지만, 그래도 노력하면 넘어설 수 있다. 때때로 저지르는 멍청한 실수까지 완전히 없애지는 못해도 우리를 잘못된 길로 이끄는 몇 가지를 조심하면 이 위험천만한 사고의 세계에서 최소한 수시로 튀어나오는 지뢰는 피할 수 있다. 그렇게 해야 하는 이유는 무엇일까? 그래야만 우리 생각을 제어할 수 있고 생각을 통제함으로써 더 큰 자유를 누릴 수 있기 때문이다.

쉽게 바보나 멍청이가 되지 않는 어떤 사고 장치를 만들 수 있다면 우리의 주도권과 자유가 더 커지지 않을까 하는 생각이 들기는 한다. 하지만 인간과 같은 한계에 부딪히지 않으면서도 스스로 제어 가능한 무언가를 만든다면 결국 그 장치에 우리의 주도권을 넘기는 것과 다름없다. 기계가 의식을 갖게 될지 걱정하는 것이 아니라 장치가 너무 복잡해져 결국 인간이 이해할 수 없게 되는 상황이 문제다. 이해에 제동이 걸릴수록 주도권도 줄어든다.

그에 더해 단순히 질문에 답하는 정도를 넘어 아이디어를 현실에서 실천할 수 있는 권한까지 기계에 주어진다면, 이론적으로는 무슨 일이든 가능해진다. 이런 능력을 갖춘 기계라면 꼭 인간을 '적'으로 여기지는 않을 수도 있다. 아니, 적으로 여기지도 않을 것이다. 그보다는 큰 맥락에서 그다지 중요하지 않은 존재로 볼 가능성이 크다. 철학자이자 AI 연구가인 닉 보스트롬(Nick Bostrom, 1973-)은 다음과 같은 예를 든다.

스스로 학습하는 인공지능에게 아무런 제한 없이 종이 클립을 가능한 한 많이 만들라고 명령했다고 가정하자.[2] 이 기계는 종이 클립을 만들 방법을 무한정 찾아내 결국 우리는 종이 클립에 파묻혀 헤어나오지 못하게 될 것이다. 인공지능은 종이 클립을 만들 수 있는 재료라면 무엇이든 찾아내고 우리가 기계를 멈추려 하면 종이 클립이라는 목적 달성에 반하는 걸림돌로 인식해 인간을 제거하기로 결정할지 모른다. 인간과 기계 사이에 전쟁이 일어나 폭탄과 수류탄이 터지는 〈매트릭스〉나 〈터미네이터〉 같은 영화는 현실에서 일어나지 않는다. 종이 클립 기계는 종이 클립으로 우리를 전멸시킬 방법을 찾아낼 가능성이 크다. 그나저나 인간 세상의 자원을 쏟아부어 고작 종이 클립이나 만들다니, 이보다 멍청한 일이 있을까 싶다.

물론 이런 기계는 챗GPT(ChatGPT) 같은 오늘날 AI와는 전혀 다르다. 사실 챗GPT는 글 한 편을 쓴다고 하면 통계적으로 다음에 무슨 단어가 오면 좋을지 분석해 주는 정도의, 매우 성능 좋은 계산기에 불과하다. 챗GPT에 인간과 같은 잣대를 들이댈 수는 없다. 속도가 번개처럼 빠르다는 점을 빼면 앞에서 언급했던 플로베르의 소설 속 보바르와 페퀴셰 또는 무질의 아른하임과 비슷하다고 할 수 있다. 모든 일의 표면을 부유하며 이것저것 아는 것은 많을지 몰라도 깊이는 더할 수 없이 얕다. 챗GPT는 기본적으로 효율적인 바보라고 할 수 있다. 만일 챗GPT처럼 똑 부러지게 말하는 사람과 직접 이야기를 나눈다면 다방면에 걸친 드넓은 지식에는 놀라겠지만 금세 깊이가 없다고 생각할 테고, 다음으로는 정말이지 죽도록 지루한 대화 상대라고 여길 것이다.

챗GPT가 아직은 실수를 많이 하지만 빠른 속도로 계속 학습하며 점차 더 복잡한 질문도 다룰 수 있게 진화하고 있다. AI 시스템이 점점 복잡해지는 만큼 앞으로 인공지능은 우리가 이제껏 생각하지 못했던 방식으로 지식을 결합해 우리가 미처 예상치 못했던 완전히 새로운 방식으로 문제를 다루게 될 것이다. 날이 갈수록 이들 기술이야말로 신탁이 아닐까 하는 생각이 든다. 결점이 아예 없진 않지만 인간의 눈으로 보면 결점이 없는 존재일 테니 말이다.

'생각'을 하면서도 인간처럼 어리석고 멍청한 실수는 저지르지 않는 기계라니, 설사 만들 수 있더라도 만들지 말아야 한다. 그러나 지난날의 경험에 비추어보면, 인간은 할 수만 있다면 그게 얼마나 멍청한 짓인지 전혀 개의치 않고 결국 만들고 만다. 그리고 우리는 활용할 수 있다면 무엇이든 활용할 것이다. 그러므로 나는 실수하지 않는 기계 따위는 만들지 못하도록 인간이 무능하길 바란다. 사고를 하되 오류는 없는 기계라면, 지금까지 알려진 어떤 의식적 존재보다도 뛰어나다는 뜻이다. 인간은 이런 대상을 결코 이해할 수 없을 것이다. 그 기계가 인간을 '이해'할지 아니, 조금의 '관심'이라도 가질지는 전혀 알 수 없다.

인공지능 때문에 인류가 망하지는 않을 것으로 보인다. 만에 하나 그런 일이 벌어진다 해도 최소한 우리가 자연사에 흥미로운 한 획을 그을 테니 의미 있는 일이긴 하다. 그보다는 인간과 기계의 목표가 대립하지 않도록 우리가 원하는 대로 작동하는 기계를 만들어 인류의 멸망을 피하는 편이 현실적인 시나리오가 아닐까. 그래도 여전히 엉망일 것이다. 우리 인간이 품는 목표와 가치는 사람마다 조금씩 다른 정도가 아니라 본질적으로 서로 양립이 불가능하기 때문이다. 이렇듯 함께할 수 없는 목표와 가치를 실현할 새로운 도구가 등장한다면 인간의 미래는 아무런 근심 걱정 없이 완벽할 것이다.

아니면 인간이 더욱 바보가 되어 목표를 달성하는 방법뿐 아니라 목표를 설정하는 일 자체를 기계에 맡겨버릴 수도 있다. 우리는 편리함을 좇느라 '스스로 초래한 미성숙'을 택하길 주저하지 않으며 상황은 그 옛날 칸트가 경고했던 것보다 훨씬 심각하다. 인류의 미래는 지금보다 더 어리석어질 전망이다. 그렇게 되면 지금 우리가 저지르는 바보 같은 짓들, 그중에서도 책이라는 형태로 영구 보존해 버린 것들이 그때 가서는 조금 덜 한심해 보일지도 모른다.

책을 쓰면 불리한 점이 몇 가지 있는데, 그중 하나가 바로 바보짓을 박제해 후세에 남긴다는 점이다. 몽테스키외(Montesquieu, 1689-1755, 프랑스의 사상가-옮긴이)는 다음과 같이 말했다.

자연은 지혜로워 인간의 어리석음이 단명하도록

만들었으나 책은 이를 불멸의 존재로 바꾼다. 바보는 주변 사람을 힘들게 하는 것으로 만족하지 않고 굳이 미래 세대까지 괴롭히겠다고 고집을 부린다. 무덤처럼 조용히 잊혔을 어리석음이 망각을 이기고 살아남길 바란다. 후대가 자신의 존재를 기억하길 원하며 또 얼마나 바보였는지도 영원히 알기를 원한다.[3]

철학의 멍청함

철학과 멍청함은 이상한 관계를 맺는다. 철학은 멍청한 집착이라고 볼 수 있고, 다른 한편으로는 바보와 멍청이가 되지 않을 방법을 알려준다고 볼 수도 있다. 프랑스의 철학자 질 들뢰즈(Gilles Deleuze, 1925-1995)는 철학이 어리석음을 공격해 어리석음 자체를 부끄러운 일로 만든다는 점에서 쓸모가 있다고 말했다.[1] 맞는 말일지도 모른다. 하지만 바보가 되지 않으려다 멍청이가 될 때가 많다는 사실 역시 잊어서는 안 된다. 인간은 어쨌든 형이상학적 동물이며 누구나 철학을 한다. 하지만 보통 자기 생각에 빠져 길을 잃고 허우적대기 쉬운 부류를 철학자라고 칭한다. 비트겐슈타인은 이렇게 말했다.

철학자는 남들 다 아는 상식에 이르기 위해 자기 안

의 수많은 지적 병폐를 치료해야 하는 사람이다.[2]

키케로(Cicero, 기원전 106-43, 로마의 정치인이자 작가-옮긴이) 역시 철학자에게 있어 도무지 황당한 생각이란 애초에 존재하지 않으며 언제나 이를 옹호하는 철학자나 그 비슷한 사람을 찾을 수 있다고 했다.[3] 철학이 멍청한 길로 자주 빠지는 이유는 무엇보다 자꾸만 급진적인 해결책을 찾으려 들기 때문이다. 감각이 우리를 속인다면 철저히 회의론자가 되면 해결될 게 아닌가! 완전히 객관적인 윤리에 문제가 있다니, 그렇다면 그만큼 완벽하게 상대적인 윤리를 찾으면 되지 않는가! 인간의 의식이 유물론적 관점에 안 맞는다고? 그럼 의식의 존재를 실체가 없는 것으로 만들어 버리면 된다!

이런 급진적 해결책이 이치에 맞는 일은 극히 드물다. 비트겐슈타인의 말처럼, 다른 사람과 나누는 철학적 대화를 누가 듣는다면 '미친 게 아니고 단지 철학을 하고 있을 뿐'이라고 얼른 변명해야 할지도 모른다.[4] 폴란드 출신 작가 비톨트 곰브로비치(Witold Gombrowicz, 1904-1969)는 일기에 이렇게 썼다.

> 문화의 역사를 살펴보면 어리석음은 이성의 쌍둥이 자매 같은 것이다. 어리석음은 결코 순수한 무지의 땅에서 자라지 않으며 의사들과 교수들의 땀으로 경작한 땅에서 호화롭게 길러진다. 매일의 일상을 살아가는 사람들은 크게 황당하거나 부조리한 생각을 하지 않는다. 그러므로 지나치게 깊이 생각하는 사람들이 가장 큰 멍청함을 야기한다는 사실은 전혀 이상할 게 없다.[5]

철학은 바보보다는 멍청이에 가깝다. 철학이 거장의 말이나 그 비슷한 사람의 생각을 비판 없이 숭배하고, 마치 신성한 경전이라도 되는 양 재생산하는 데 그친다면 바보라고 할 수 있다. 철학하는 방법을 배우는 게 아니라 철학 사상을 배우는 것을 철학이라고 생각한다면 철학은 바보 같은 일이 된다. 그러나 안타깝게도, 어리석음을 극복하고 진짜로 철학을 시작하면 그때부터는 멍청해지는 지름길이 펼쳐진다.

철학에서는 비판적 태도, 그중에서도 자기 비판적 태도가 무엇보다 필요하다. 그래서 철학적 사고를 하면 사고 공동체에 완전히 동화하기 힘들어진다. 철학은 사고 공동체 안에서 자연스럽게 길러지는 원칙이나 방법론, 진리가 아니라 행위이자 활동이다. 그 시작은 공동체 안에서부터지만 이후에는 훌륭한 논증이 이끄는 곳으로 떠날 수밖에 없다.

철학적 사유에는 자신을 잃어버리는 일도 포함된다. 조지 버클리(George Berkeley, 1685-1753, 아일랜드의 철학자이자 성공회 주교-옮긴이)는 이에 대해 다음과 같이 말했다.

전체적으로 보면, 지금까지 철학자들을 매료시키면서도 동시에 지식을 찾는 길을 막아섰던 난제들은 대부분, 아니 어쩌면 전부 우리 자신의 문제가 아니었을까 생각하게 된다. 먼저 먼지를 일으켜 놓고는

앞이 보이지 않는다고 불평하는 그런 모습이다.[6]

혹시 궁금해할 독자가 있을지 몰라 이야기하자면, '어리석은 자(dunce)'라는 말은 사실 당대 유명한 철학자였던 요하네스 둔스 스코투스(John Duns Scoutus, 1266-1308)의 이름에서 유래했다. 스코투스가 바보였던 건 아니지만, 그를 따르던 사람들에 대해 말할 때 르네상스의 새로운 지식을 수용하지 않고 낡고 시대에 뒤떨어진 지식을 고집한다는 의미로 이 단어가 사용되었다. 그러다 1500년대 중반부터는 그냥 '바보 같은 사람'을 지칭하는 말이 되었다.

덧붙이자면, 겉에서 보기에는 철학적 멍청함 같아도 자세히 들여다보면 꼭 그렇지만은 않을 때도 있다. 철학자가 멍청해 보이는 이유는 어쩌면 당신이 너무 바보라서 철학자의 말을 이해하지 못하기 때문인지도 모른다. 버트런드 러셀은 크세노폰(Xenophon, 고대 그리스의 철학자로 소크라테스의 제자이며 소크라테스의 말을 기록한 저작물을 남겼다-옮긴이)이 소크라테스에 관해 기술한 내용을 이렇게 평한다.

똑똑한 사람의 말을 어리석은 자가 전하면 내용이 정확할 수 없다. 들은 것을 자기가 이해할 수 있는 수준에서 무의식적으로 다시 바꿔버리기 때문이다.[7]

정식으로 윤리학 교육을 받는다고 더 나은 사람이 되는 것은 아니듯 철학도 마찬가지다. 철학을 깊이 공부한다고 반드시 바보나 멍청이가 되지 않으리라는 법은 없다. 제임스 페처(James Fetzer, 1940-)가 좋은 예다. 미국 대학에서 철학과 교수로 재직했던 페처는 이 세상에 존재하는 거의 모든 음모론을 광신적으로 믿었다. 분명 정식 교육을 받은 철학사였으며, 그가 연구하던 주제 역시 근거의 논리적 타당함이 중요한 분야였다. 처음 음모론에 관심을 갖기 시작했을 때만 해도 페처는 아직 철학과 교수로 재직하며 학문적으로 탄탄대로를 걷고 있었다. 그러다 은퇴하고 명예 교수가 되면서부터 본격적으로 방향을 틀어버린다.

처음에는 미국 정부가 존 F. 케네디 대통령을 암살했으며, 대통령이 암살범의 총알에 맞는 장면을 촬영한 '저프루더(Zapruder) 필름'이 위조되었다고 주장했다. 나중에는 세계무역센터 9.11 테러의 배후에 미국방부와 정보기관 그리고 모사드(Mossad, 이스라엘의 정보기관)가 있다고 주장하기에 이르렀다. 2012년 샌디훅(Sandy Hook) 초등학교 총기 난사 사건을 비롯해 2013년 보스턴 마라톤 폭탄 테러 사건, 2016년 펄스(Pulse) 나이트클럽 총기 난사 사건, 2017년 버지니아 샬러츠빌에서 일어난 차량 돌진 사건, 아폴로 달 착륙 등이 모두 날조라고 주장했다. 홀로코스트 역시 거대한 조작이며 명백한 거짓이라고 믿었다.

그러므로 페처가 2020년 미 대선을 도널드 트럼프에게서 '훔친' 부정선거였다고 주장했을 때도 딱히 놀라운 일은 아니었다. 참고로 페처는 폴 매카트니가 실제로는 1966년에 죽었고 사진 속 인물은 도

플갱어라는 음모론도 당연히 옹호했다. 그는 망상에 사로잡힌 듯한 논증을 계속 이어간다. 이쯤에서 누군가는 역사 속 위대한 철학자들이 그렇게 멍청하지는 않았다며 페처가 그들과는 다르지 않으냐고 반문할지도 모르겠다. 정말 그럴까? 그렇다면 멍청이라는 단어가 우리 '위대한' 철학자들에게 얼마나 딱 맞는 말인지 몇 가지 예를 살펴보자.

그중 제일은 아리스토텔레스인데, 여자는 남자보다 치아 수가 적다고 주장했다.[8] 양이나 염소, 돼지도 모두 마찬가지라며 말이다. 여기서 우리는 두 가지 정도 의문을 가질 수 있다. 아리스토텔레스는 결혼도 했는데 왜 아내의 치아를 확인하지 않았을까? 대체 왜 여자의 치아 수가 남자보다 적다고 생각했을까? 첫 번째 질문에는 답하기 어렵다. 실제로 확인했지만 아리스토텔레스의 아내는 치아 몇 개가 빠져 있었을지도 모를 일이다. 그렇다면 두 번째 질문에도 답이 된다.

그러나 숙련된 과학자였던 아리스토텔레스가 자

기 아내 한 사람만으로 모든 여성을 일반화했다는 것은 얼토당토않은 일이다. 그랬을 가능성은 매우 희박하다. 그보다는 아리스토텔레스가 갖고 있던 여성에 대한 전반적 관점이 확장되어 그렇게 믿게 되었다고 보는 편이 타당하다. 그는 여성이 남성보다 결함이 많은 존재라고 여겼고 육체적으로나 정신적으로 무능력하다고 생각했다. 그러므로 당연히 치아의 수도 적다고 생각했을 수 있다. 멍청한 생각이라고밖에 볼 수 없다.

르네 데카르트(René Decartes, 1596-1650)가 인간 외의 동물도 의식을 가지고 있다는 주장에 반대했던 사실도 유명하다. 데카르트 말대로 동물이 가끔 인간과 비슷하게 행동한다는 이유만으로 동물도 의식이 있다고 볼 수는 없다.[9] 그는 동물은 질문에 답하지 않는다고 지적하며, 한 존재로서 의식이 있다고 인정받기 위해 충족해야 하는 단 하나 확실한 기준이 있다면 언어 능력이라고 말했다.[10] 이 생각 자체가 틀렸다고는 할 수 없다. 특히 데카르트의 시대에는 인간이 아니어도 언어로 스스로 표현하고 질문에도 답할 수 있는 컴퓨터가 없었기 때문에 더욱 그렇다. 그러므로 어떤 존재가 의식이 있는지 판단하려면 언어 능력이 있는지 봐야 한다는 주장은 신빙성이 있다.

그러나 데카르트는 한발 더 나아가 언어가 의식의 필수 조건이라고 주장했다. 다시 말하면 언어의 부재는 의식의 부재라는 것이다.[11] 동물은 언어 능력이 없으므로 의식이 없고, 따라서 고통도 느끼지 못한다. 데카르트는 자신의 강아지에게 '무슈 그라 (Monsieur Gras, '뚱보 신사'라는 뜻-옮긴이)'라는 이름을 지어주고 매우 사랑했으면서도 이 괴상한 신념을 바꾸지 않았다. 마치 실제 지형과는 전혀 다른 철학 지도를 그려놓고 지도에만 매달려 지형이 지도와 맞지 않는다며 비난하는 행태에 비유할 수 있다. 이 얼마나 멍청한 일인가.

아르투어 쇼펜하우어는 책을 너무 많이 읽나 바보가 되어버리는 상황을 경계했다. 그 자신도 독서할 때 비판적 사고를 유지하며 이 점을 조심했지만 그

럼에도 불구하고 결국 생각이 너무 많아서 멍청해지고 말았다. 쇼펜하우어는 거의 모든 종류의 초심리학적 현상(경험적 심리학을 벗어나 인간이 평소와 다른 감각 기술로 습득하는 현상을 연구하는 학문-옮긴이)을 전적으로 옹호했다. 저서 《자연에서의 의지에 관하여》(1836)에서는 자신의 형이상학이 실제 경험적 현상과 어떻게 연결되는지에 대해 상세하게 설명한다. 특히 책의 핵심 내용을 집약한 〈생물자기학과 마법〉 장에는, 오직 생각만으로 다른 사람의 마음을 조종하고 잠들게 하거나 쓰러트리고 몸을 마비시킬 수도 있다는 한 마법사의 시연에 참석했던 경험이 등장한다.[12] 쇼펜하우어는 이 일을 '의심의 여지가 없는 사실'이라고 했다. 그러나 당연히(의심의 여지 없이) 의심할 수밖에 없다. 쇼펜하우어는 이런 일에 대해 거의 무조건 신봉하는 수준이었던 듯하다.

게다가 '메스머리즘(mesmerism)'이라고도 알려진 '동물 자기설'도 진심으로 믿었다. 동물 자기설은 간단히 말하면 우주에 존재하는 자기력에 관한 이론으로, 병든 사람을 자기적 자극에 노출하면 무너진 균형을 회복해 병을 고칠 수 있다는 주장이다. 쇼펜하우어가 진지하게 믿기 오래전부터 이미 여러 조사 기관에서 의학적 타당성이 없다고 판명했던 이론이니 당대의 지적 한계 탓이라고 할 수도 없다. 평소 과학적 태도를 중시했던 그의 면모를 생각하면 특히나 터무니없다.

쇼펜하우어는 자신이 투시력 같은 특별한 능력을 지녔다고 생각했고 텔레파시나 염력, 마술 등도 믿었다. 유령의 존재도 굳게 믿어서 〈영혼을 보는 것과 관련된 문제에 대한 에세이(Essay on Spirit-Seeing and Related Issues)〉라는 제목의 100페이지 분량의 글을 쓰기도 했다. 여기서 쇼펜하우어는 유령의 존재를 너무 당연하게 전제한 나머지 이를 따로 증명하려고도 하지 않고, 그보다는 유령이 어떻게 존재할 수 있는지에 관한 이론을 정립하고자 시도한다.[13]

사람들은 이상한 일을 많이 믿는다. 그리고 대부분의 경우 누군가가 그것에 대해 크게 문제 삼는 일은 없어야 맞다. 그냥 자기 정신이 온전치 못할 뿐 다른 사람에게 피해를 끼치지는 않는다는 전제하에 그렇다. 그러나 쇼펜하우어는 자신의 초자연적 공상을 철학에서 분리하지 않았다. 그렇기 때문에 그의 철학 사상을 진지하게 받아들이려 한다면 그에 따라오는 초심리학적 단상도 함께 감안해야 한다. 철학의 사과를 먹으려면 그 안에 든 벌레도 같이 먹어야 하는 상황이다.

쇼펜하우어는 친구에게 자신의 형이상학으로 지금까지 간과되었던 현상의 존재를 입증했다고 말하기도 했다.[14] 여기서 그치지 않고 〈생물자기학과 마법〉 장에서는 이러한 초자연적 현상을 통해 형이상학의 타당함을 경험적으로 증명할 수 있다고 주장하기까지 했다. 쇼펜하우어의 오컬티즘(과학이나 이성으로 규명하기 힘든 힘과 지식을 다루는 사상-옮긴이)을 진정한 멍청함이라고 본다면(나는 그렇게 생각한다), 이것이 그의 다른 철학 사상과도 밀접하게 얽혀 있는 이상 쇼펜하우어의 철학 사상 전체를 멍청하다고 볼 수밖에 없다. 설사 그 안에 담긴 이론과 분석이 멍청하지 않다고 해도 마찬가지다. 쇼펜하우어를 멍청이로 묘사하다니 다소 거칠다고 생각한다면, 그가 자신의 철학적 적수나 비평가들에게 퍼부었던 말에 비하면 이 정도는 아주 품위 있는 표현이라는 사실을 알아야 한다.

마르틴 하이데거(Martin Heidegger, 1889-1976)는 "크게 사유하는 자는 크게 그르친다"고 말했다.[15] 이 말은 특히 하이데거에게 있어 진실이다. 20세기 어느 철학자보다 야심 차게 사유했지만, 동시에 20세기 가장 악독한 이념을 수용하고 옹호했으니까. 바로 나치즘이다.[16] 하이데거는 나중에 이를 두고 인생에서 '가장 멍청했던 일'이라고 회고했지만 사적으로 한 이야기일 뿐 공개적으로 인정하지는 않았다. 하이데거가 1931년부터 1970년까지 쓴 철학 일기《블랙 노트북(Black Notebooks)》을 읽어보면 자신의 멍청함을 공개적으로 대면하지 않았을 뿐 아니라 사적으로도, 심지어 자기 자신과의 대화에서도 마찬가지였음을

알 수 있다.[17]

　하이데거는 국가사회주의[이 단어의 독일어 발음 (National-sozialismus)의 약칭이 곧 나치즘이다-옮긴이]는 손 볼 수 없을 만큼 완전히 망가진 세상의 유일한 구원이 라 확신했고 '세계 유대인(World Jewry, 전 세계에 퍼진 유대 인 공동체를 뜻한다-옮긴이)'은 이에 반하는 거대한 위협 으로 인식했다. 그는 나치에 적극 동조했고 인종 차 별주의자였으며, 말할 것도 없이 강경한 반유대주의 자였다. 인종 차별만큼 멍청한 것도 없다. 사실 대표 적인 철학자들 중에는 경악할 정도로 인종 차별주의 자가 많다.[18] 그렇다고 해도 하이데거가 면죄부를 받 을 수는 없다.

　오늘날 그의 저작은 신뢰할 만한 판본이 없다. 하 이데거 본인과 후대 관리인들이 은근슬쩍 '미화'하 는 작업을 해온 탓이다. 그래도《블랙 노트북》이 출 간되면서 하이데거의 멍청함이 더 드러났으니 상황 이 좀 나아졌다고 할 수 있다. 그중에서도 나치즘이 하이데거의 철학에 무척 깊이 침투해 있었다는 사실이 더욱 명확해졌고, 특히 1930년 이후 저작부터 철학자 하이데거와 나치 하이데거를 따로 떼어 생각하기 어려워졌다. 그래도 이 일기의 출간을 허락한 점은 하이데거에게 정상 참작의 여지가 있으리라 볼 수 있다. 다만 그는 반드시 자신의 사후에 이 일기를 출간하도록 했는데, 그러면 책의 내용을 직접 대면하지 않을 수 있기 때문이었다. 20세기 가장 위대한 철학자는 동시에 가장 위대한 철학적 멍청이이기도 했다.

철학이 원칙에 기초를 둔다면 정치는 실용적이다. 정치에서 벌어지는 종류의 협상은 철학에서는 생소한 일이다. 철학자 두 명이 만나 한 사람이 한 가지 질문에 대한 진리를 얻고 나머지 한 사람은 또 다른 질문에 답변을 받아가는 식의 타협으로는 결코 두 사람 사이 간격을 좁힐 수 없다. 철학에서는 최고의 논증 하나가 논쟁에서 이기면 그 이외의 주장에 대해서는 협상의 여지가 별로 없다. 타협하지 않는 특징 때문에 정치 철학은 고지식하고 순진해 보인다.

실제 정치 현실을 거의 담지 못하다 보니 동화 같은 이야기로 남을 때가 많다.

마이클 월저(Michael Walzer, 1935-, 미국의 정치 이론학자-옮긴이)는 정치 철학이 '영웅적'이라고 논평했는데, 당연히 칭찬으로 한 말은 아니다.[19] 영웅적인 철학자는 현실 사회에서 모두가 따르는 신념을 일단 자신만의 괄호 안에 집어넣고는 오로지 자신의 이성만으로 보편적으로 타당한 정치 원리를 집대성하려 한다. 그리고는 자기가 만든 원리를 현실 정치에 그대로 적용한다. 타협을 허용하지 않으면 도덕적 판단 역시 물 건너간다.

지금까지 정치적으로 정당화되었던 소름 끼치는 일들은 모두 대신 나서서 변명해 주는 철학자가 있었다. 제2차 세계대전 이후 소련에서 있었던 모스크바 재판(스탈린 주도로 열린 정치 재판으로, 정적에게 간첩 및 반역 등의 혐의를 씌워 대대적으로 숙청했다. 정치적 반대자에 대한 억압과 공포 정치의 대표적 사례다-옮긴이)과 스탈린의 숙청 작업을 모리스 메를로-퐁티(Maurice Merleau-Ponty, 1908-1961,

프랑스의 철학자-옮긴이)가 거리낌 없이 나서서 변호했던 일만 봐도 알 수 있다. 몇 년이 지나 메를로-퐁티는 더는 공산주의라는 명분 아래 스탈린을 옹호할 수 없다고 선언하며 자신의 정치적 멍청함을 인정했다. 그는 계속 정치적으로 멍청하기로 작정한 장-폴 사르트르(Jean-Paul Sartre, 1905-1980)와 이 일로 갈등을 빚기도 했다.

이탈리아 철학자 조르조 아감벤(Giorgio Agamben, 1942-)은 코로나19 유행병으로 북부 이탈리아가 초토화됐을 때 코로나19 바이러스는 계절마다 찾아오는 독감이나 마찬가지라며 정부에서 내린 조치를 "제정신이 아니며 비이성적이고 아무런 근거가 없다"고 일축했다. 그는 이 팬데믹이 기술 관료주의에 젖은 정부가 국가 비상사태를 선포해 불법석으로 국민을 완전히 지배하려는 수작일 뿐이라고 주장하며 1933년 나치의 집권에 비유했다.[20] 코로나19를 날조된 사건으로 규정한 그는 백신이 등장하자 대규모 백신 접종을 통해 국민을 레밍(설치류의 일종-옮긴이)처럼 몰고 가 멸종시키려는 의도가 아닌지 추궁했다. 원래는 멀쩡한 철학자였던 사람이 어쩌다 편집적이고 멍청한 판단 착오를 저질렀다고 넘길 수도 있는 문제다. 그러나 코로나19에 관한 그의 주장은 그동안 아감벤이 《호모 사케르》(1995)와 같은 저작을 통해 쌓아온 철학 사상과 깊은 연관이 있다. 팬데믹을 대하는 그의 멍청한 시각은 지금까지 발표한 주요 저작물을 비롯한 아감벤의 철학 사상 전체를 멍청한 것으로 재평가하는 근거가 되었다.

철학자의 멍청함은 대개 어쩌다 저지르는 단순한 실수로 무마할 수 없다. 어쩌다 빗나간 듯 보이는 행보라도 사실 철학자의 철학 사상 전체에 근본적인 문제가 있다는 의미일 수 있다. 철학자의 성취를 통해 배울 점이 있는 만큼 오류와 실패를 통해서도 얻을 점이 많다. 그렇게 생각하면 '거꾸로 쓰는 철학사' 같은 책을 써도 흥미로울 듯하다. 철학자들의 훌륭한 업적을 부각하는 게 아니라 최악의 오판을 강조해 인류가 배출한 최고의 사상가라고 칭송받는 이들 역시 다른 사람과 마찬가지로 어리석고 멍청했다는 사실을 보여줄 수 있을 것이다.

철학에 실패하면 우리는 바보 멍청이가 될 수 있다. 그리고 철학은 생각보다 훨씬 자주 실패한다. 그러나 철학이 제 기능을 온전히 발휘한다면 철학을 통해 자기 자신의 어리석음과 멍청함을 깨달을 수 있다. 우리는 철학을 통해 의문을 품고 비판적으로 사고할 수 있으며 동시에 다른 사람과 함께 사유할 수 있다. 결승점에는 절대 도달할 수 없는 여정이지만 잘만 달린다면 모든 길목에서 우리 자신과 세상이 올바른 방향으로 나아가리라는 희망을 품을 수 있을 것이다.

덧붙이는 말 2

백악관의
바보 멍청이

모든 일에서 무조건 자기가 맞다고 우긴다면 바보 멍청이라는 확실한 신호다. 도널드 트럼프만큼 '바보 멍청이'라는 꼬리표에 걸맞은 인물도 찾기 힘들다. 트럼프의 지적 능력에 대한 평가가 아니다. 물론 트럼프가 하는 말과 행동을 보면 딱히 지적 능력이 뛰어나다는 징후도 찾을 수 없기는 마찬가지다. 하지만 더 주목할 점은 바보 멍청이들에게 특징적으로 나타나는 인지적 결함이 트럼프에게도 놀라울 정도로 여실히 드러난다는 사실이다. 2025년 2월에 '트럼프 말이 전부 맞았다(Trump was right about everything)'고 적힌 새 모자를 출시한 것만 봐도 단번에 알 수 있다. 어떤 주제에 대해서도 남들보다 잘 안다고 끝없이 외치는 사람은 필시 바보 멍청이다. 트럼프는 "나보다 ~에 대해 잘 아는 사람은 없다"는 말을 자주 한다.

로베르트 무질은 〈멍청함에 관하여〉라는 강연에서 어리석음에서 벗어나려면 절제와 겸손이 가장 중요한 치료제라고 강조했다. 모든 문제에 대해 자신이 가장 뛰어나다고 언제나 확신하는 사람은 스스로 틀릴 수도 있다는 가능성을 열어두지 못한다. 그리고 트럼프보다 겸허함과 거리가 먼 사람도 없다. 그런 바보 멍청이는 의심할 줄 모른다. 그뿐 아니라 다른 사람의 의심도 거의 또는 전혀 받아들이지 못한다. 지도자가 된 바보 멍청이는 권위적인 지도자가 된다.

제대로 작동하는 민주주의에서는 바보와 멍청이도 낙오하지 않고 사람들과 함께 어울려 살 수 있다. 그런데 이 둘을 합친 바보 멍청이는 심각한 문제다. 자기 생각 말고 다른 관점은 아무것도 포용하지 않기 때문에 그런 면에서 태생적으로 반(反) 민주적이다. 그러므로 바보 멍청이가 권력을 잡으면 반드시 불행이 시작된다. 민주주의는 그저 시민들이 몇 년에 한 번씩 투표권을 던진다고 완성되는 일이 아니며 끊임없이 이어지는 과정이다. 민주적인 공간에서는 다양한 의견이 형성되고 발전하며 부딪히고 버려지고 받아들여진다. 권위주의 체제에서는 이 자리가 시민에게 하달할 통치자의 생각만 적힌 게시판으로 대체된다. 이곳의 시민은 수동적 수용자에 불과하며 통치자의 판단 능력을 의심하지 않는다.

권위적인 지도자는 국민의 맹목적 신뢰를 요구하는 반면 민주적 지도자는 제한적 신뢰를 전제로 한다. 통치자를 맹목적으로 신뢰하게 되면 그와 동시에 통치자의 말에 반하는 어떤 것이든 맹목적으로 불신한다. 트럼프 자신의 주장대로 그가 절대 틀릴 리 없다고 믿는 사람의 수는 어마어마하다. 심지어 가톨릭의 교황 무류성 교리(교황이 신앙과 도덕에 관한 문제에 한해 특정 조건하에서 교황좌에서 확정적 행위로 엄숙히 선언하면 성령의 도움으로 오류를 갖지 않는다는 가톨릭 교리-옮긴이)조차 특정 조건 하에서 권한이 제한된다는 점을 생각하면 이 같은 믿음은 가히 종교적 숭배를 뛰어넘는다. 그보다는 오히려 히틀러의 제3제국 '지도자 원칙(Führer principle)'을 떠올리게 한다.

독일이라는 국가가 아닌 히틀러 개인에 대한 충성 맹세를 통해 히틀러가 하는 모든 말은 진리와 선이라는 개념과 동격을 이뤘다. '지도자'의 의지보다 우선하는 규범이란 존재하지 않으므로 히틀러의 명령은 그보다 우선하는 규범에 부딪힐 일이 없었다. 트럼프는 자신의 소셜 미디어 계정에 "나라를 구한 자는 어떤 법도 위반하지 않는다"는 게시물을 올렸다. 나폴레옹의 말이라고 알려진 인용구다. 나라를 구한다는 말의 의미도 물론 트럼프가 스스로 정한다. 시민으로 하여금 이 원칙을 따르게 한다면 그야말로 '스스로 초래한 미성숙'이다. 어차피 족제비만큼이나 주의력이 없고 눈 깜짝할 사이에 계속 마음을 바꾸는 트럼프 같은 정치 지도자에게 언제나 동의하기는 어렵다.

권위주의 지도자에게 있어 서로 다른 의견이란 잘해야 불필요한 잡음에 불과할 뿐 아무것도 아니다. 최악의 경우 바보 멍청이가 그린 새로운 세상을 만

덧붙이는 말 2: 백악관의 바보 멍청이

드는 데 걸리적거리는, 용납할 수 없는 방해물이다. 학자와 지식인들을 향한 공격은 이미 예상된 일이다. 학교와 대학에도 압박이 가해지며 사법기관은 말할 것도 없다.

트럼프 정권이 '전통적' 가치로의 회귀를 내세우는 걸 보고 보수 정권이라고 오해하는 사람도 있을 법하다. 그러나 우리가 말하는 정치적 보수주의와는 접점이 거의 없다. 이 정권은 오히려 혁명주의와 반동주의를 합친 형태에 가까우며 버크의 프랑스 혁명에 관한 성찰에 뿌리를 두는 정치적 보수주의와는 상당히 다르다. 버크는 혁명가들의 오만함을 경고한 바 있으며 급격한 변화보다는 신중한 개혁을 지지했다. 그는 프랑스 혁명을, 한때 프랑스를 위대한 나라로 만들었던 여러 가치를 폭도들이 들고일어나 파괴한 사건 정도로 평가했고 결국 혁명은 폭정으로 끝난다고 주장했다. 트럼프 정권의 혁명에도 이 같은 경고가 필요하다.

트럼프가 처리하는 일들을 보고 있자면 마오쩌둥

의 비전에 맞춰 사회 전체를 근본적으로 바꿔야 했던 중국의 문화대혁명이 떠오른다. '부르주아적' 사고는 모두 근절되어야 했다. 행정부와 문화 기관에 대대적인 숙청이 뒤따랐고 대학은 문을 닫았다. '인민의 적'은 공개적으로 굴욕을 당했으며 당연히 독립적인 언론은 하나도 존재하지 않았다. 사회 전체를 하나의 거대한 반향실(반향실 효과: 닫힌 방 안에서 소리가 계속 반사되듯 비슷한 신념과 정치적 정보만 되풀이되고 다른 관점은 차단되는 현상-옮긴이)로 바꾸려는 목적이었다는 관점도 있다. 트럼프의 야망도 이와 비슷하다고 할 수 있다. 트럼프의 문화 혁명은 아직 마오쩌둥만큼 편집적이지는 않다. 마오쩌둥은 측근들에 둘러싸여 있을 때조차 사방을 적으로 여겼다.

이 글을 쓰는 시점에서 보면 새로운 미국의 문화 혁명은 이제 몇 달 전에 막 발을 떼었을 뿐이다. 짐작하건대 트럼프의 '약속의 땅'은 실현될 수 없고 새로운 미국의 황금기는 찾아오지 않을 것이며 현실과 상상 속 적에 대한 탄압은 더욱 강화될 것이다. 위대한 지도자는 결코 잘못이 없으므로 희생양 색출이 시작될 것이다. 한 점의 오류도 없는 지도자가 말한 대로 일이 돌아가지 않으면 이를 설명할 방법은 하나밖에 없다. 계획을 망치려는 내부의 배신자들이 방해 공작을 펼치고 있기 때문이다.

백악관을 차지한 바보 멍청이가 자기 생각대로 세상을 바꾸려는 중이다. 자신의 신념이 곧 진리라고 생각하기 때문에 그는 언제나 이미 '진리'를 선점한다. 트럼프는 첫 임기 동안 자유민주주의 체제 내에서 전체주의적 방식을 취하는 국가 원수라는, 매우 흔치 않은 행보를 보였다. 그는 현실을 경멸하는 모습이었는데, 이 역시 전체주의 통치체제에서만 나타나는 특징이다. 그러다 이제는 매우 빠른 속도로 훨씬 더 평범한 유형으로 변해가고 있다. 권위주의 체제 내 전체주의자 국가 원수라는 형태로 되어가는 중이다. '되어가는 중'이라고 하는 이유는, 미국이 아직 완전히 권위주의 국가로 바뀌지는 않았지만 자유민주주의를 체계적으로 해체하는 작업이 누구도 상상하지 못했던 속도로 빠르게 진행되고 있기 때문이다.

아렌트는 근대에 들어서며 새로운 유형의 거짓말이 등장했다면서 나치즘과 공산주의를 대표적 사례로 꼽았다. 이 새로운 거짓말은 진실을 덮으려는 데 그치지 않고 진실과 거짓 사이 구분 자체를 없애려 한다.[1] 구체적으로는 현실 자체를 덮으려는 시도라고 할 수 있다. 전통적 진리 개념에 따르면 진리는 사고와 현실이 일치하는 상태를 말한다. 아렌트가 말하는 근대의 거짓말쟁이들은 급하게 진리를 만들어낸다. 정책과 제도를 만들어 시행하고 역사를 다시 써버린다. 이런 상황에서는 역사적 사건이 실제로 일어난 일이라서 '참'이 되는 것이 아니라 당시 세계관에 들어맞기 때문에 진실이 된다. '현실'은 온전히 정치적 산물이 되어버린다. 현실을 이런 식으로 통제하는 일이 가능해지면 그 현실을 사는 사람들 역시 같은 방식으로 통제할 수 있게 된다.

그러므로 진리는 그 자체로 타당하다는 사실을 지속적으로 인지해야 한다. 진리는 정치에 굴복하지 않는다. 어떤 일이 참이라면, 믿는 사람이 많든 적든 사실이다. 예를 들어 열역학 제2법칙이 참인지 거짓인지를 국민투표에 부치지는 않는다. 독재자가 말할 때보다 민주적 다수가 말한다고 어떤 일이 더욱 진실해지는 것도 아니다. 정치의 지배를 받지 않는다는 점이 바로 진실의 본래적 특징이다. 진리가 존재한다고 인정한다면 진리를 두고 하는 주장의 옳고 그름을 결정하는 것은 현실 자체라는 사실도 함께 받아들이는 것이다. 그래야 권력을 가진 사람이 누구인지에 관계없이 참과 거짓에 대한 자신의 의견을 가질 수 있다. 다시 말하면, 신념을 판단하는 기준은 분명 존재하지만 정치 권력이 그 기준을 정하지는 않는다. 이런 이유로 전체주의와 권위주의 체제에서는 진리를 탐구하려는 시도 자체를 억압하는 일이 필수적이다.

다음은 트럼프가 2025년 3월 27일 내린 행정명령문의 일부다.

지난 십여 년간 미국인들은 진실이 아닌 이념에 의해 왜곡된 이야기로 객관적 사실을 은폐하고 이 나라의 역사를 다시 쓰려는 조직적이고 광범위한 움직임을 목격해 왔다.[2]

역사상 가장 진실하지 않은 대통령의 입에서 나온 말이라는 점이 역설적이다. 트럼프보다 더 ‘객관적 사실’을 무시하는 사람이 있을까 싶다. 이 정부야말로 트럼프의 입맛에 맞춰 역사를 다시 쓰기 위해 지칠 줄도 모르고 일하는 중이다. 실제로 어땠는지는 중요치 않다. 미 군사사(軍事史)에서 유색인종 군인의 존재를 지운다든가 하는 식이다. 위에 언급한 행정명령의 제목도 흥미롭다. ‘미국 역사에 진실과 제정신 돌려놓기’라니! 트럼프가 물러나고 나면 미국은 제2차 세계대전 이후 독일의 탈나치화(나치 독일의 잔재를 일소하고자 했던 작업-옮긴이)보다 더 강도 높은 ‘탈마가(MAGA)화’가 필요할지도 모른다.

민주주의가 제대로 기능하려면 꾸준한 유지와 관

    덧붙이는 말 2: 백악관의 바보 멍청이

리가 필요하다. 이를 위해서는 언제나 진실해야 하며 토론을 통해 이성으로 상대방을 설득할 수 있다는 희망을 놓지 않는 것이 중요하다. 민주주의는 정치인과 시민이 스스로 진실하려고 노력하지 않으면 살아남을 수 없다. 민주주의의 가치는 자유를 보장하는 데서 기인하며, 진실하지 않으면 자유는 손상된다. 민주주의 체제에서는 모든 구성원이 동등하게 자주적 결정을 내릴 능력과 권리를 갖는다고 본다. 진실하지 않은 사람은 타인을 자주적 결정권을 가진 존재로 여기지 않고 자신의 목적을 위한 도구로만 본다. 진실함만으로 민주주의가 유지되지는 않지만, 진실함이 없으면 민주주의는 반드시 실패한다. 진리는 정치 논쟁에서 사용할 수 있는 유일한 도구이며 진리가 없다면 각자 자기 이야기를 소리 높여 떠들기만 하다가 결국 그들만의 싸움이 되고 만다. 여기에 더해 반대 의견을 표현할 공간까지 제한된다면(그러다 결국에는 사라진다) 명확한 권위주의나 전체주의 사회라는 증거다.

사회는 다양한 방식으로(무력도 그중 하나다) 결속을 유지하지만, 민주주의 사회는 구성원이 동일한 현실을 향해 발 맞춰 가지 않으면 존재할 수 없다. 의미 있는 소통을 하고자 한다면 개개인의 의견을 넘어서는 공통의 현실에 대해 이야기할 수 있어야 한다. 그렇기에 진리는 민주적이지 않지만 민주주의는 진리가 필요하다. 그리고 우리가 함께 바라보는 이 공통의 세계에 관해 서로 다른 의견을 가질 수 있고 때로는 잘못 판단할 수도 있다는 점 역시 인정해야 한다.

트럼프 정권은 공무원이 사용해서는 안 되는 단어 목록을 발표하고[3] 이어서 연구 자료를 포함한 공적 문서에 이 목록에 포함된 단어가 들어가면 삭제 대상으로 지정하기까지 했다. 정부 지원 연구비 신청서에서 이들 단어가 발견되면 트럼프 행정부의 심기를 거스르는 정치적 내용이 있지는 않은지 확인하는 심사를 받는다. 단어를 지우는 목적은 그 단어가 들어가는 생각 자체를 막기 위함이다. 조지 오웰(George Orwell, 1903-1950)의 소설《1984》에 등장하는 전체주의 정부는 자신들의 이해에 부합하도록 '신어(Newspeak)'를 만들어 사용하게 한다. 이 새로운 언어는 비판적 사고를 막기 위해 만들어졌다. 트럼프 행정부가 발표한 피해야 할 단어 목록에는 비판적 사고를 하는 데 필요한 주요 개념이 많이 들어 있으며 한 예로 '확증 편향'을 들 수 있다. 시민의 비판적 사고가 이 정부에 독이 된다는 반증이다.

오늘날 '확증 편향'이라고 부르는 현상은 사실 고대부터 알려져 있던 개념이다. 투키디데스(Thucydides, 기원전 460-400, 고대 그리스의 역사가-옮긴이)는 《펠로폰네스 전쟁사》에서 인간은 자기 마음에 들지 않으면 무시하는 경향이 있다고 지적했다.[4] 최근 심리학 연구는 체계적이고 경험적인 방법을 통해, 사람들이 기존의 가치나 믿음을 입증하고 지지하는 정보에 훨씬 더 관심을 갖는다는 사실을 밝혀냈다. 다시 말하면 인간은 자연스럽게 자기 생각과 방향이 다른 정보는 무시하고, 상충되는 정보가 있을 경우 자신의 확신을 뒷받침하는 방향으로 정보를 해석한다는 뜻이다.

특히 감정적으로 연관 있는 사안이거나 내면에 깊이 뿌리 내린 신념에 관한 문제일 때 이 점은 더욱 두드러진다. 이런 면을 완전히 없앨 수는 없겠지만 그래도 우리가 틀렸을 가능성에 좀 더 주의를 기울이면 어느 정도는 줄일 수 있다.

확증 편향에 주의하고 자기 의견에 반하는 근거도 적극 찾아 나서는 태도는 트럼프 정권에서 환영받지 못한다. 트럼프에게는 오류가 없다며 교주처럼 떠받드는 정권이니 말이다. 그렇기 때문에 우리는 비판적 사고의 필요성을 계속 주장해야 하며 비판적 사고의 제1원칙은 자기 자신에 대한 비판적 사고임을 끊임없이 강조해야 한다.

어리석음과 멍청함에 맞서야 한다. 바보 멍청이들을 계도할 수 있다는 말이 아니다. 바보 멍청이들에게는 논리가 아예 통하지 않기 때문에 그건 불가능한 일이다. 그보다는 바보 멍청이가 그리는 미래대로 새로운 세상이 열리도록 보고만 있어서는 안 된다는 말이다. 블랙리스트에 올라간 표현이 있으면

덧붙이는 말 2: 백악관의 바보 멍청이

일부러 평소보다 두 배로 많이 사용하자. 세상은 바보 멍청이의 확신대로 흘러가지 않으며 정해진 진리가 있다는 사실을 강력하게 주장해야 한다.

플라톤의 《국가》 제9권에는 민주적 유형에 대비되는 개념으로 '폭군적 인간 유형'에 대한 설명이 나온다. 이 유형의 인간은 모든 면에서 어리석고 뻔뻔하며 욕망이 이끄는 대로 행동한다. 될 수 있는 한 많이 차지하려 하며 그러기 위해 수단과 방법을 가리지 않는다. 트럼프의 부통령 J.D. 밴스(Vance)가 그린란드를 방문했을 때의 인터뷰를 보면 밴스 자신도 의식하지 못한 채 이 점을 확실히 드러낸다.

"대통령의 욕망을 모른 체할 수는 없다."

다행스럽게도, 이런 성격의 사람들은 대부분 기껏해야 평범한 범죄자 정도에 그친다. 하지만 가끔 이런 부류가 국가 권력을 잡아 폭군이 되기도 하는데, 그때부터 진짜 불행이 시작된다. 폭군적 성향은 결코 저절로 멈추지 않기 때문에 반드시 저지가 필요하다.

　현재 상황은 암담해 보인다. 하지만 낙관이 들어설 수 없는 곳에는 희망의 자리가 더 넓어지고 필요성도 더 커진다. 희망은 겸허하다. 모든 일이 바라는 대로 이루어지지 않을 수도 있다는 사실을 언제나 전제하기 때문이다. 정의가 널리 퍼지고 진실이 거짓보다 강하길 바라지만 현실이 늘 그렇게 흘러가지는 않는다. 그렇다고 최선을 다하지 말라는 말은 절대 아니다. 정의와 진리는 그냥 주어지지도 않지만 그렇다고 누가 빼앗아갈 수도 없다. 우리가 무엇보다 우선적으로 만들어가야 하는 것이다. 진정으로 정의와 진리가 널리 퍼지길 희망한다면 우리 모두 이를 위해 할 수 있는 일을 해야 한다. 희망은 요구 사항이 많다. 구체적으로는, 바보 멍청이가 자기 마음대로 세상을 바꾸지 못하도록 최대한 함께 노력해야 한다. 또한 이성과 지성을 최대한 활용하고 자신에 대해서도 끊임없는 비판적 시선을 견지해야 한다. 바보 멍청이들에게는 분명 생소할 방식이다.

진실함과 정의라는 가장 기본적인 기준조차 존중하지 않는 정권이 미국을 '다시 위대하게' 만들 수 있다는 생각을 대체 어떻게 신뢰할 수 있단 말인가? 이 기준이 없으면 신뢰가 무너지고, 신뢰가 없는 사회는 붕괴한다. 레너드 코헨(Leonard Cohen)의 유명한 시 구절이 있다.

미국 이후에 도래할 세상을 좋아하지 않을 텐데.[5]

'미국 이후의 세상'은 이미 도래한 듯하다. 물론 아니길 바라지만. 이러나저러나 역사를 보면 바보 멍청이가 이끄는 정권이 영원한 적은 없었다.

감사의 말

이 책을 쓰는 데 공헌이 지대하신 그분들께 우선 감사의 말씀을 드린다. 바보와 멍청이들은 자신의 상태가 어떤지 모르므로 지금 누구한테 하는 말인지도 모를 것이다. 다음으로는 나 자신이 바로 그 바보 멍청이인 순간을 묵묵히 참고 견뎌준 아내와 딸에게 감사의 말을 전한다. 이 책의 원고에도 열정적이었으며 귀중한 조언을 아끼지 않았다. 노르웨이 편집자 요아킴 보텐(Joakim Botten)은 언제나 작가에게 필요한 조언과 그렇지 않은 이야기를 정확히 아는 든든한 독자가 되어준다. 그런데도 이 책에 바보 같고 멍청한 부분이 있다면 그건 전적으로 내 책임이다.

주

들어가며

1   테리 프래쳇(Terry Pratchett), 《Thief of Time》, New York, 2002, 82쪽.

2   https://darwinawards.com에서 〈The Darwin Awards〉.

3   임마누엘 칸트(Immanuel Kant), 《Anthropology from a Pragmatic Point of View》, 메리 J. 그레거(Mary J. Gregor) 옮김, The Hague, 1974, 72쪽.

4   마태복음 7:3, 누가복음 6:41.

1. 바보는 종류도 다양하다

1   움베르토 에코(Umberto Eco), 《Foucault's Pendulum》, 윌리엄 위버(William Weaver) 옮김, San Diego, CA, 1989, 63쪽.

2   카를로 M. 치폴라(Carlo M. Cipolla), 《The Basic Laws of Human Stupidity》, London, 2019, 37쪽.

3   카를로 M. 치폴라, 《The Basic Laws of Human Stupidity》, London, 2019, 19쪽.

4   미셸 드 몽테뉴(Michel de Montaigne), 〈On Habit: And on Never Easily Changing a Traditional Law〉, 《Essays》,

M.A. 스크리치(M.A.Screech) 옮김, London, 2003,
163쪽.

5   마츠 알베손(Mats Alvesson), 안드레 스파이서(André
Spicer), 〈A Stupidity-Based Theory of Organizations〉,
Journal of Management Studies, XLIX/7 (2012).

6   존 스튜어트 밀(John Stuart Mill), 〈On Liberty〉, 《On
Liberty, The Subjection of Women and Utilitarianism》,
New York, 2002, 60쪽.

7   존 스튜어트 밀, 〈On Liberty〉, 《On Liberty, The
Subjection of Women and Utilitarianism》, New York,
2002, 72쪽.

2. 바보는 생각이 없다

1   데시데리위스 에라스뮈스(Desiderius Erasmus), 《The
Praise of Folly and Other Writings》, 로버트 M. 아담스
(Robert M. Adams) 편집 및 옮김, New York, 1989.

2   임마누엘 칸트, 《Critique of Pure Reason》, 폴 가이어(Paul
Guyer), 알렌 W. 우드(Allen W. Wood) 옮김. Cambridge,
1988, A 133n/B 172n. 칸트는 자신의 인류학 강의에서 이
에 대해 좀 더 자세히 정의하며 다음과 같이 말했다. "판
단력과 재치가 없는 사람은 어리석은 사람이다. 판단력은
없는데 재치만 있는 사람은 우스꽝스럽다." 임마누엘 칸
트, 《Anthropology from a Pragmatic Point of View》, 메
리 J. 그레거 옮김, The Hague, 1974. §46(76쪽), §49.

3   임마누엘 칸트, 《Critique of Pure Reason》A 133/ B 172.

4   임마누엘 칸트, 《Critique of Pure Reason》A 134 n/ B

172n.

5   귀스타브 플로베르(Gustave Flaubert), 《Bouvard and Pécuchet, with The Dictionary of Received Ideas》, A. J. 크레일즈하이머(A. J. Krailsheimer) 옮김, London, 1976.

6   귀스타브 플로베르, 《Bouvard and Pécuchet, with The Dictionary of Received Ideas》, A. J. 크레일즈하이머(A. J. Krailsheimer) 옮김, London, 1976.

7   귀스타브 플로베르가 1850년 9월 4일에 루이 부이예(Louis Bouilhet, 프랑스의 시인이자 플로베르의 친구-옮긴이)에게 보낸 편지. 〈Eleven Letters〉, 제프리 월(Geoffrey Wall) 옮김, Cambridge Quarterly, xxv/3, 1996, 224쪽.

8   로베르트 무질(Robert Musil), 《The Man without Qualities》, 소피 윌킨스(Sophie Wilkins) 옮김, London, 2017, 16장.

9   로베르트 무질, 《The Man without Qualities》, 소피 윌킨스 옮김, London, 2017, 48장.

10   로베르트 무질, 《The Man without Qualities》, 소피 윌킨스 옮김, London, 2017, 48장.

11   로베르트 무질, 〈On Stupidity〉, 《Precision and Soul: Essays and Addresses》, 버턴 파이크(Burton Pike), 데이비드 S. 루프트(David S. Luft) 옮김, Chicago, IL · London 1990.

12   로베르트 무질, 〈On Stupidity〉, 《Precision and Soul: Essays and Addresses》, 버턴 파이크, 데이비드 S. 루프트 옮김, Chicago, IL · London 1990, 283쪽.

13   로베르트 무질, 〈On Stupidity〉, 《Precision and Soul:

Essays and Addresses》, 버턴 파이크, 데이비드 S. 루프트 옮김, Chicago, IL · London 1990, 286쪽.

14   플라톤, 〈Socrates' Defense(Apology)〉, 휴 트레더닉 (Hugh Tredennick) 옮김, 《The Collected Dialogues of Plato》, Princeton, NJ, 1961, 38a.

15   이시구로 가즈오(Kazuo Ishiguro), 《The Remains of the Day》, London, 1990, 243쪽.

16   임마누엘 칸트, 〈An Answer to the Question: "What is Enlightenment?"〉, 《Kant: Political Writings》, 한스 S. 라이스(Hans S. Reiss) 편집, H.B. 니즈벳(H. B. Nisbet) 옮김, Cambridge, 1991, 54쪽 (원문의 이탤릭체 그대로 표기), 칸트의 《Anthropology from a Pragmatic Point of View》, §48.

17   아리스토텔레스, 〈Metaphysics〉, W.D. 로스(W.D. Ross) 옮김, 《The Complete Works of Aristotle》 제2권, 조너선 반스(Jonathan Barnes) 편, Princeton, NJ, 1985, 980a.

18   임마누엘 칸트, 《Lectures on Logic》, J. 마이클 영(J. Michael Young) 옮김, Cambridge, 1992, 817쪽(표준판 275쪽). 713쪽(표준판 450쪽).

19   솔 벨루(Saul Bellow), 《Herzog》, New York, 1964, 155쪽.

20   해리 G. 프랑크푸르트(Harry G. Frankfurt), 〈On Bullshit〉, 《The Importance of What We Care About》, Cambridge, 1988, 133쪽

21   무지함에 관한 연구는 이제 학문의 한 분야다. 세계적 무지에 관한 재미있는 책을 소개한다. 피터 버크, 《무지의 역사》, 이정민 옮김, 한국경제신문, 2024.
      조금 더 체계적인 관점이 궁금하다면 다음을 참고하라.

마티아스 그로스(Matthias Gross), 린지 맥고이(Linsey McGoey) 편, 《The Routledge Handbook of Ignorance Studies》, New York · London, 2022.

22 버트런드 러셀(Bertrand Russell), 《History of Western Philosophy》, London · New York, 2004, 772쪽.

23 한나 아렌트(Hannah Arendt), 《Eichmann in Jerusalem: A Report on the Banality of Evil》, Harmondsworth, 1994, 287-288쪽. 한나 아렌트, 요하임 페스트(Joachim Fest), 《Eichmann war von empörender Dummheit: Gespräche und Briefe》, Munich, 2011.

24 요헨 폰 랑(Jochen von Lang), 클라우스 지뷜(Claus Sibyll) 편, 《Eichmann Interrogated: Transcripts from the Archives of the Israeli Police》, New York, 1999, 150쪽, 157쪽.

25 한나 아렌트, 《Eichmann in Jerusalem》, 48-49쪽, 53쪽. 한나 아렌트, 《Life of the Mind: Thinking》, San Diego, CA, New York · London, 1977, 4쪽.

26 아렌트가 아이히만을 지나치게 일차원적으로 보고 있다는 점 역시 언급해둘 필요가 있다. 현실에서 아이히만은 단지 '생각 없는' 사람이 아니라 나치 이데올로기 신봉자였으며 출세 지향적이기까지 했다. 아렌트는 아이히만이 자신의 행동과 동기에 대해 솔직히 발언했을 거라고 가정했지만 이 역시 문제가 많다. 그러나 여기서는 아이히만에 대한 심층 분석을 하려는 게 아니다. 단지 아렌트의 증언을 통해 그가 얼마나 전형적인 바보였는지만 살펴보고자 한다.

27 한나 아렌트, 《Life of the Mind》, 13쪽.

28 아르투어 쇼펜하우어(Arthur Schopenhauer), 《Parerga and Paralipomena: Short Philosophical Essays》, 11권, 아드리안 델 카로(Adrian Del Caro), 크리스토퍼 재너웨이 (Christopher Janaway) 옮김, Cambridge, 2015, §291.

29 플라톤, 〈Phaedrus〉, R. 해크포스(R. Hackforth) 옮김, 《Collected Dialogues of Plato》, 275a-b.

30 이 책에 대해 쓴 흥미로운 글이 몇 편 있는데 그중 페터 트라우니(Peter Trawny)의 《Hitler, die Philosophie und der Hass: Anmerkungen zum identitätspolitischen Diskurs》 (Berlin, 2022)가 있다. 그러나 《Mein Kampf》를 정독하는 것보다 시간을 알차게 보낼 방법은 많다.

31 아돌프 히틀러(Adolf Hitler), 《Mein Kampf, Eine kritische Edition》vol II, Berlin·Munich, 2016, 165쪽.

32 아돌프 히틀러, 《Mein Kampf, Eine kritische Edition》vol II, Berlin·Munich, 2016, 167쪽.

33 아돌프 히틀러, 《Mein Kampf, Eine kritische Edition》vol II, Berlin·Munich, 2016, 169쪽.

34 루트비히 비트겐슈타인(Ludwig Wittgenstein), 《Culture and Value》, 제2 개정판, P. 윈치 옮김, Oxford, 1998, 12쪽.

3. 멍청이는 그릇된 판단을 한다

1 임미누엘 칸트, 《Critique of Pure Reason》, 폴 가이어, 알렌 W. 우드 옮김, Cambridge, 1988, A VII.

2 월터 아이작슨(Walter Isaacson), 《Steve Jobs》, New York, 2011, 35장.

3 임마누엘 칸트, 《Anthropology from a Pragmatic Point of

View》, 메리 J. 그레거 옮김, The Hague, 1974, §43, 200쪽
(표준판 76쪽).

4 임마누엘 칸트,《Critique of the Power of Judgment》, 폴
가이어, 에릭 매튜스(Eric Matthews) 옮김, Cambridge,
2002, §40, 294쪽(표준판 194쪽).

이어서 인용하자면 다음과 같다. "첫 번째는 편견 없는 사
고에 관한 준칙이다. 둘째는 개방적 사고에 관한 준칙이
며 세 번째는 일관성에 관한 준칙이다. 첫 번째에 대해 말
하자면, 수동적이지 않은 이성의 준칙이다. 수동적으로
기울게 되는 현상, 즉 타율적 이성을 편견이라고 한다. 그
리고 무엇보다 가장 큰 편견은, 마치 자연의 규칙이 이성
에는 적용되지 않는다고 여기는 것이다. 여기서 자연의
규칙이란 이해력 자체에 내재한 본질적 법칙을 이성의 근
거로 삼는 것을 말한다. 그러한 편견의 예로 미신을 들 수
있다. 미신으로부터 자유로운 상태를 계몽이라 한다. 모
든 편견으로부터의 해방을 일반적으로 계몽이라 부를 수
있지만 그중에서도 미신은 아무리 좁은 의미에서 본다 해
도 편견이라 불릴 만하다. 미신은 맹목적 믿음을 전제하
며 그 믿음은 더 나아가 의무로까지 굳어진다. 맹목적 믿
음이야말로 남에게 휘둘리고 있다는 가장 명백한 증거이
며 수동적 이성의 상태로 볼 수 있다. 사고에 관한 두 번째
준칙에 관해 말하자면, 우리는 큰일(특히 강도 높은 업무)
을 해낼 능력이 없는 사람을 보면 '한계가 있다'고 말한다.
이 상태를 편협한 사고라고 하며 개방적 사고에 대비되
는 개념이다. 그러나 이는 인지력의 문제가 아니라 그 인
지력을 목적에 맞게 사용할 때 필요한 사고방식을 의미한
다. 선천적으로 타고난 자질의 범위와 정도가 아무리 작

다 해도, 사적, 주관적 판단으로부터 벗어나 보편적 관점에서 스스로의 판단을 성찰할 수 있다면 개방적 사고를 한다고 볼 수 있다. 다른 사람의 관점에서 자신을 볼 수 있어야만 보편적 관점에서 성찰할 수 있지만 많은 사람들이 오로지 자신만의 괄호 속에 갇혀 있다. 세 번째 준칙, 즉 사고의 일관성은 가장 다다르기 어려운 준칙이다. 앞의 두 가지 준칙을 모두 수행하고 꾸준히 돌아보아 습관처럼 자동으로 나올 수 있을 때야 도달할 수 있다. 첫 번째 준칙은 이해의 준칙이고, 두 번째는 판단력의 준칙이며 세 번째는 이성의 준칙이라고 할 수 있다."

5   임마누엘 칸트, 《Anthropology from a Pragmatic Point of View》, §43, 200쪽(표준판 72쪽).

6   임마누엘 칸트, 《Anthropology from a Pragmatic Point of View》, §2, 128쪽(표준판 10쪽).

7   임마누엘 칸트, 《Vorlesungen über Anthropologie, Kants gesammelte Schriften》, vol.xxv, Berlin · New York, 1997, 1012쪽.

8   임마누엘 칸트, 《Anthropology from a Pragmatic Point of View》, §2, 130쪽(표준판 12쪽), (원문의 이탤릭체 그대로 표기).

9   임마누엘 칸트, 《Reflexionen zur Anthropologie, Kant gesammelte Schriften》, vol.xv, Berlin · New York, 1913, refl.903, 394쪽.

10   칼 구스타프 헴펠(Carl Gustav Hempel), 《Philosophy of Natural Science》, Englewood Cliffs, NJ, 1966, 78쪽.

11   임마누엘 칸트, 《Lectures on Logic》, J. 마이클 영 옮김, Cambridge, 1992, 151쪽(표준판 119쪽).

12 임마누엘 칸트, 〈An Answer to the Question: "What is Enlightenment?"〉, 《Kant: Political Writings》, 한스 S. 라이스 편집, H.B. 니즈벳(H. B. Nisbet) 옮김, Cambridge, 1991, 247쪽 (원문의 이탤릭체 그대로 표기).

13 소포클레스(Sophocles), 《Antigone》, H.D.F. 키토(H.D.F Kitto) 옮김, Oxford, 1962, v.11. 703-708쪽.

14 프랑수아 드 라로슈푸코(François de La Rochefoucauld), 《Collected Maxims and Other Reflections》, E. H. 블랙모어(E. H. Blackmore), A.M. 블랙모어(A. M. Blackmore), 프랑신 지게르(Francine Giguère) 옮김, Oxford, 2007, § 414.

15 마거릿 애트우드(Margaret Atwood), 〈Your Feelings are No Excuse〉, The Atlantic, www.theatlantic.com, 2022년 4월 1일.

16 G. W. F. 헤겔(G. W. F. Hegel), 《The Phenomenology of Spirit》, 피터 퍼스(Peter Fuss), 존 도빈스(John Dobbins) 옮김, Notre Dame, IN, 2019, §96, 36-37쪽.

17 프랜시스 베이컨(Francis Bacon), 《New Atlantis and The Great Instauration》, Malden, MA · Oxford, 2017, 17쪽.

18 존 스튜어트 밀, 〈Inaugural Address Delivered to the University of St Andrews〉, 《The Collected Works of John Stuart Mill》, vol.XI, Toronto · London, 1984, 239쪽.

19 야네 홀란 마틀라리(Janne Haaland Matlary), 〈Fellesskap og dannelse〉, Klassekampen, 2008년 9월 19일.

20 토론자가 예로 든 논리적으로 타당한 추론은 다음과 같다. "인간은 모두 죽는다. 소크라테스는 인간이다. 그러므로 소크라테스는 죽는다." 여기까지는 좋다. 그러나 마틀

라리는 여기서 그치지 않고 다음의 예를 들며 역시 타당하다고 주장한다. "하지만 '모든 인간은 다리가 두 개다. 소크라테스도 다리가 두 개다. 그러므로 소크라테스는 인간이다'라고 주장한다면 이 역시 논리적으로는 타당할지 몰라도 실제로는 그렇지 않을 때가 있다. 분명히 다리가 하나인데도 여전히 인간인 사람도 있기 때문이다." 그러나 이는 사실상 논리적으로도 타당하지 않은 추론이다. 한 집단에 속한 모든 구성원의 특징을 공유한다고 해서 반드시 그 집단의 구성원이라는 의미는 아니다. 토론자가 두 번째로 든 예시의 논리 형태에 첫 번째 예시를 대입하면 이렇게 바뀐다. "모든 인간은 죽는다. 소크라테스도 죽는다. 그러므로 소크라테스는 인간이다." 이럴 경우 곧바로 반박이 가능해진다. 우리 집 강아지도 죽는다는 특징이 있지만 인간은 아니다. 같은 논리 형태를 갖지만 앞 문장이 논리적으로 타당하지 않다는 사실을 보여주는 예는 또 있다. "모든 정치인은 거짓말을 한다. 다섯 살인 내 아들도 거짓말을 한다. 그러므로 내 아들은 정치인이다." 안네 그란베르그(Anne Granberg)는 2008년 8월 22일자 Klassekampen에서 "Matlary, Mor Nille og stenen"이라는 제목의 기사를 통해 이 오류를 지적했다.

21   보통 사람들은 비형식 논리를 사용하며 대부분 그것만으로 충분하다. 어떤 결론에 도달하는 데 필요한 모든 전제를 명시하지 않고 그 부분은 누구나 당연히 안다고 여기고 넘어간다. 이렇게 완전하지 않은 추론을 생략 추리법이라고 한다. 철학사에서 잘 알려진 생략 추리법으로 데카르트의 '나는 생각한다, 고로 존재한다'를 예로 들 수 있다. 이 문장의 결론에 도달하기 위해서는 '생각하는 모든

것은 존재한다'는 암묵적 전제가 필요하다. 이 전제를 생략해도 보통은 문제가 없지만 가끔 모든 전제를 설명해야 할 때가 있다. 일상생활에서는 대부분 비연역적 추론을 사용한다. 한 예로 귀납법을 들 수 있다. 몇 가지 예시를 통해 전체를 추론하는 방법이다. 통에서 사탕을 꺼내는 데 계속 빨간색 사탕이 나온다면 그 통에 있는 사탕이 전부 빨간색이라고 생각하는 식이다. 또 다른 예는 귀추적 추론이다. 통이 열려 있고 그 옆에 빨간색 사탕이 하나 떨어져 있다면 사탕이 그 통에서 나왔을 거라고 가정하는 방식이다. 이런 식의 추론은 꽤 유용할 뿐 아니라 타당한 근거를 갖지만 그래도 연역적 추론만큼 확실한 지식을 보장하지는 않는다는 점은 알아야 한다.

22   프랜시스 베이컨, 《The New Organon》, Cambridge, 2000, 제1권, §46, 43쪽.

23   엘리 모르큰 파르스타드(Eli Morken Farstad), 에를렌 룬발(Erlend Lundvall), 〈Kampen mot consensus〉, Fortid: Studentenes historietidsskrift, www.fortid.no, 2019년 3월 19일.

4. 바보 멍청이는 그릇된 판단을 생각 없이 받아들인다

1   버트런드 러셀, 〈The Triumph of Stupidity〉, 《Mortals and Others: American Essays, 1931-1935》, vol.II, London, 1998, 28쪽.
버트런드 러셀, 《The Basic Writings of Bertrand Russell》, London · New York, 2009, 676쪽 — "확신에 찬 사람은

바보이며 상상력과 이해력이 있는 사람은 의심하고 우유
부단하다는 것이 우리 시대의 고통이다.”

2 대니얼 데닛(Daniel Dennett), 《Intuition Pumps and
   Other Tools for Thinking》, New York, 2013, 1장.

3 미셸 드 몽테뉴(Michel de Montaigne), 〈On the Art of
   Conversation〉, 《Essays》, M. A. 스크리치 옮김, London,
   2003, 1062-1063쪽.

4 프리드리히 니체(Friedrich Nietzsche), 《Human, All
   Too Human》, R. J. 홀링데일(R. J. Hollingdale) 옮김,
   Cambridge, 1996, part 1, §362, 144쪽.

5 프리드리히 실러(Friedrich Schiller), 《Maid of Orleans》,
   안나 스와닉(Anna Swanwick) 옮김, Philadelphia, PA,
   1899, III.6, 102쪽.

6 디트리히 본회퍼(Dietrich Bonhoeffer), 《Letters and
   Papers from Prison: The Enlarged Edition》, 레지널드 풀
   러(Reginald Fuller) 외, New York, 1997, 8쪽.

7 디트리히 본회퍼, 《Letters and Papers from Prison: The
   Enlarged Edition》, 레지널드 풀러 외, New York, 1997,
   9쪽.

8 엽튼 싱클레이(Upton Sinclair), 《I, Candidate for
   Governor: And How I Got Licked》, Berkeley, Los
   Angeles, CA · London, 1994, 109쪽.

9 프리드리히 니체, 《Beyond Good and Evil》, 주디스 노르
   만(Judith Norman) 옮김, Cambridge, 2002, §107, 64쪽.

10 아트 스위프트(Art Swift), 〈In U.S., Belief in Creationist
   View of Humans at New Low〉, Gallup, https://news.
   gallup.com, 2017년 5월 22일.

11   루트비히 비트겐슈타인, 《On Certainty》, 데니스 폴
(Denis Paul), G.E.M 앤스컴(G.E.M. Anscombe) 옮김,
Oxford, 1979, §4, (원문의 이탤릭체 그대로 표기). 참고할
것: §122-123, 323, 458.

12   프리드리히 니체, 《Human, All Too Human》, part II.I, §
39, 224쪽.

13   마이클 J. 우드(Michael J. Wood), 캐런 M. 더글라스
(Karen M. Douglas), 로비 M. 서튼(Robbie M. Sutton),
〈Dead and Alive: Beliefs in Contradictory Conspiracy
Theories〉, Social Psychological and Personality Science,
III/6 (2012), 767-773쪽.

14   스티븐 내들러(Steven Nadler), 로렌스 샤피로(Lawrence
Shapiro), 《When Bad Thinking Happens to Good
People: How Philosophy Can Save US from Ourselves》,
Princeton, NJ · Oxford, 2021, 4쪽.

15   임마누엘 칸트, 〈On a Supposed Right to Lie from
Philanthropy〉, 《Practical Philosophy》, 메리 J. 그레거 옮
김, Cambridge, 1997, 605-616쪽. 나 역시 《A Philosophy
of Lying》(London, 2022)에서 거짓말에 대한 칸트의 관
점을 상세히 논한 바 있다.

16   저스틴 크루거(Justin Kruger), 데이비드 더닝(David
Dunning), 〈Unskilled and Unaware of It: How
Difficulties in Recognizing One's Own Incompetence
Lead to Inflated Self-Assessments〉, Journal of Personality
and Social Psychology, LXXVII/6 (1999), 1121-1134쪽.

17   플라톤, 〈Socrates' Defense(Apology)〉, 휴 트레더닉 옮김,
《The Collected Dialogues of Plato》, Princeton, NJ, 1961,

21a-23b.

18   찰스 다윈(Charles Darwin), 《The Descent of Man and
      Selection in Relation to Sex》, vol.I, Cambridge, 2009,
      3쪽.

19   조이스 얼링거(Joyce Ehrlinger) 외, 〈Why the Unskilled
      are Unaware: Further Explorations of (Absent) Self-
      Insight among the Incompetent〉, Organizational
      Behavior and Human Decision Processes, CV/A (2008),
      98-121쪽.

20   메건 캐설리(Meghan Casserly), 〈Majority of Americans
      Would Rather Fire their Boss than Get a Raise〉, Forbes,
      www.forbes.com, 2012년 10월 17일.

21   예시: 데이비드 라일리(David Reilly), 데이비드 L.노
      이먼(David L. Neumann), 글렌다 앤드루스 (Glenda
      Andrews), 〈Gender Differences in Self-Estimated
      Intelligence: Exploring the Male Hubris, Female
      Humility Problem〉, Frontiers in Psychology, XIII (2022),
      doi:10.3389/fpsyg.2022.812483.

22   레나타 마르티니 크리스토(Renata Martini Kristo),
      〈Umberto Eco and Emotions in the Time of Internet〉,
      International Journal of Social and Educational
      Innovation, IV/7 (2017), 52쪽.

23   장클로느 프레삭(Jean-Claude Pressac), 《Auschwitz:
      Technique and Operation of the Gas Chambers》, 피터
      모스(Peter Moss) 옮김, New York, 1989.

5. 보수는 바보, 진보는 멍청이일까?

1   프랑크 디쾨터(Frank Dikötter), 《Mao's Great Famine: The History of China's most Devastating Catastrophe, 1958-1962》, London, 2010.

2   토마스 홉스(Thomas Hobbes), 《Leviathan》, Cambridge, 1991, 42장.

3   제이슨 브레넌(Jason Brennan), 《The Ethics of Voting》, Cambridge, MA, 2012
제이슨 브레넌, 《Against Democracy》, Cambridge, MA, 2016.

4   〈Just 36 Percent of Americans Can Name Which Parties Control House, Senate', Washington Post, www.washingtonpost.com, 2014년 9월 22일.

5   아리스토텔레스, 〈Politics〉, B. 조웨트(B. Jowett) 옮김, 《The Complete Works of Aristotle》, vol. II, 조너선 반스 편, Princeton, NJ, 1985, 1281b.

6   버트런드 러셀, 《Autobiography》, Abingdon · New York, 2010, 66쪽.

7   존 스튜어트 밀, 〈Considerations on Representative Government〉, 《The Collected Works of John Stuart Mill》, vol.XIX, Toronto · London, 1977, 452쪽.

8   존 스튜어트 밀, 〈Public and Parliamentary Speeches〉, 《The Collected Works of John Stuart Mill》, vol.XXVIII, Toronto · London, 1988, 85쪽.

9   존 스튜어트 밀, 〈The Subjection of Women〉, 《The Collected Works of John Stuart Mill》, vol.XXI,

Toronto · London, 1984, 278쪽.

6. 미래는 지금보다 더 바보들의 세상일까?

1 한나 아렌트, 《Essays in Understanding, 1930-1954: Formation, Exile, and Totalitarianism》, New York, 1994, 314쪽.

2 닉 보스트롬(Nick Bostrom), 《Superintelligence: Paths, Dangers, Strategies》, Oxford, 2014.

3 몽테스키외, 《Persian Letters》, J. C. 베츠(J. C. Betts) 옮김. London, 1993, Letter 66, 134쪽.

덧붙이는 말 1: 철학의 멍청함

1 질 들뢰즈(Gilles Deleuze), 《Nietzsche and Philosophy》, 휴 톰린슨(Hugh Tomlinson) 옮김, London · New York, 1983, 106쪽.

2 루트비히 비트겐슈타인, 《Culture and Value》, 피터 윈치 옮김, Oxford, 1980, 44e쪽.

3 키케로(Cicero), 〈On Divination〉, 《On Old Age, On Friendship, On Divination》, 윌리엄 아미스테드 폴크너 (William Armistead Falconer) 옮김, Cambridge, MA, 1923, II.119, 505쪽.

4 루트비히 비트겐슈타인, 《On Certainty》, 데니스 폴, G.E.M 앤스컴 옮김, Oxford, 1979, §467.

5 비톨트 곰브로비치(Witold Gombrowicz), 《Diary》, vol.I, 릴리언 발레이(Lillian Vallee) 옮김, Evanston, IL, 1988,

184쪽.

6   조지 버클리(George Berkeley), 〈A Treatise Concerning
      the Principles of Human Knowledge〉, 《Philosophical
      Writings》, Cambridge, 2009, 69쪽.

7   버트런드 러셀, 《History of Western Philosophy》,
      London · New York, 2004, 114쪽.

8   아리스토텔레스, 〈History of Animals〉, 다르시 웬트워스
      톰슨(D'Arcy Wentworth Thomson) 옮김, 《The Complete
      Works of Aristotle》 제1권, 조너선 반스 편, Princeton,
      NJ, 1985, 509b.

9   르네 데카르트(René Descartes), 〈The Philosophical
      Writings of Descartes〉, vol.III: 《The Correspondence》,
      존 코팅엄(John Cottingham) 외 옮김. Cambridge, 1991,
      100, 203-204쪽.

10   르네 데카르트, 〈The Philosophical Writings of
      Descartes〉, vol.III: 《The Correspondence》, 존 코팅엄
      (John Cottingham) 외 옮김. Cambridge, 1991, 99쪽.

11   르네 데카르트, 《The Philosophical Writings of
      Descartes》, vol.I, 존 코팅엄 외 옮김, Cambridge, 1985,
      139-141쪽.

12   아르투어 쇼펜하우어, 〈On Will in Nature〉, 《On the
      Fourfold Root of the Principle of Sufficient Reason and
      Other Writings》, 데이비드 E. 카트라이트(David E.
      Cartwright), 에드워드 E. 어드먼(Edward E. Erdmann),
      크리스토퍼 재너웨이 옮김. Cambridge, 2012, 405-
      430쪽.

13   아르투어 쇼펜하우어, 〈Essay on Spirit-Seeing and

덜 멍청하게 살기 위한 최소한의 철학

Related Issues〉,《Parerga and Paralipomena: Short Philosophical Essays》, vol. I. 아드리안 델 카로 옮김, Cambridge, 2015, §291, 198-272쪽.

14 아르투어 쇼펜하우어,《Gespräche》, Stuttgart and Bad Cannstatt, 1971, 127쪽.

15 마르틴 하이데거(Martin Heidegger),《Poetry, Language, Thought》, 앨버트 호프슈타터(Albert Hofstadter), New York, 1971, 9쪽. 하이데거 소장본에는 이 발언이 특정인을 겨냥한 것은 아니라는 메모가 있다. (참고: 마르틴 하이데거, 〈Gesamtausgabe〉, vol.XIII:《Aus der Erfahrung des Denkens (1910-1976)》, 프랑크푸르트, 1983, 254쪽) 차라리 특정인(저자는 하이데거를 의미한다-옮긴이)을 겨냥하기라도 했다면 최소한 자기 인식은 있었다고 생각했을 것이다.

16 그렇다고 지적인 나치가 없었다는 말이 아니다. 하이데거를 비롯해 분명히 있었지만 우월한 인종이 있다든가 신비주의 등의 이념 자체가 완전히 멍청한 신념이다.

17 최근 나치즘과의 관계가 하이데거의 사상에 얼마나 깊이 작용했는지에 관한 연구가 많이 나오고 있다. 그리고 어쩌다 운 나쁘게 탈선한 정도가 아니라 하이데거 철학에 있어 나치즘이 핵심적 요소라는 사실이 드러나고 있다. 이에 대해 가장 철저하게 분석한 책이 있다: 리처드 월린(Richard Wolin),《Heidegger in Ruins: Between Philosophy and Ideology》, New Haven, CT, 2022.

18 인종 차별에 관한 다양한 철학적 관점과, 철학자들의 사고에서 인종 차별이 어떤 위치를 점하는지 알고 싶다면 다음 저서를 참조하라. 나오미 잭(Naomi Zack) 편,《The

Oxford Handbook of Philosophy and Race》, Oxford, 2017.

19 마이클 월저(Michael Walzer), 《Thinking Politically: Essays in Political Theory》, New Haven, CT, 2007.

20 팬데믹에 관한 아감벤의 말은 다음에서 발췌했다. 조르조 아감벤(Giorgio Agamben), 《Where Are We Now? The Epidemic as Politics》, 발레리아 다니(Valeria Dani) 옮김, London, 2021.

덧붙이는 말 2: 백악관의 바보 멍청이

1 한나 아렌트, 《Essays in Understanding, 1930-1954: Formation, Exile, and Totalitarianism》, New York, 1994, 354쪽.

2 백악관(The White House), Executive Orders, 〈Restoring Truth and Sanity to American-History〉, www. whitehouse.gov, 2025년 3월 27일.

3 캐런 유리시(Karen Yourish) 외, 〈These Words Are Disappearing in the New Trump Administration〉, New York Times, www.nytimes.com, 2025년 3월 7일.

4 투키디데스(Thucydides), 《The Peloponnesian War》, 마틴 해먼드(Martin Hammond) 옮김, Oxford, 2009, 제4권 108절.

5 레너드 코헨(Leonard Cohen), 〈What is Coming 2.16.03〉, 《The Flame》, New York, 2018, 52쪽.

읽어볼 책

- 피터 버크, 《무지의 역사》, 이정민 옮김, 한국경제신문, 2024.
- 마티아스 반 복셀, 《어리석음에 대한 백과사전》, 이경식 옮김, 휴먼앤북스, 2005.
- 아비탈 로넬, 《어리석음》, 강우성 옮김, 문학동네, 2015.
- 카를로 M. 치폴라, 《인간의 어리석음에 관한 법칙》, 장문석 옮김, 미지북스, 2019.
- Cassam, Quassim, 《Voices of the Mind: From the Intellectual to the Political》, Oxford, 2018.
- Gross, Matthias, Linsey McGoey, eds, 《The Routledge Handbook of Ignorance Studies》, New York · London, 2022.
- Kidd, Ian James, Heather Battaly, Quassim Cassam, eds, 《Vice Epistemology》, London, 2020.
- Marmion, Jean-François, ed., 《The Psychology of Stupidity》, trans. Liesl Schillinger, London, 2020.
- Nadler, Steven, and Lawrence Shapiro, 《When Bad Thinking Happens to Good People: How Philosophy Can Save Us from Ourselves》, Princeton, NJ, and Oxford, 2021.

멍청함은 지능이 아니라 태도다
덜 멍청하게 살기 위한 최소한의 철학

제1판 1쇄 인쇄 | 2026년 3월 25일
제1판 1쇄 발행 | 2026년 4월 6일

지은이 | 라르스 스벤젠
옮긴이 | 염지선
펴낸이 | 서정환
펴낸곳 | 한국경제신문 한경BP
출판본부장 | 이선정
책임편집 | 오은환
교정교열 | 최혜영
저작권 | 백상아
홍보마케팅 | 김규형·서은실·이여진·박도현
디자인 | 이승욱·권석중

주   소 | 서울특별시 중구 청파로 463
기획편집부 | 02-360-4556, 4584
홍보마케팅부 | 02-360-4595, 4562   FAX | 02-360-4837
H | http://bp.hankyung.com   E | bp@hankyung.com
F | www.facebook.com/hankyungbp
등   록 | 제 2-315(1967. 5. 15)

ISBN 978-89-475-0253-5 03100

프런티어는 한국경제신문 출판사의 자기계발·인문 브랜드입니다.
책값은 뒤표지에 있습니다.
잘못 만들어진 책은 구입처에서 바꿔드립니다.